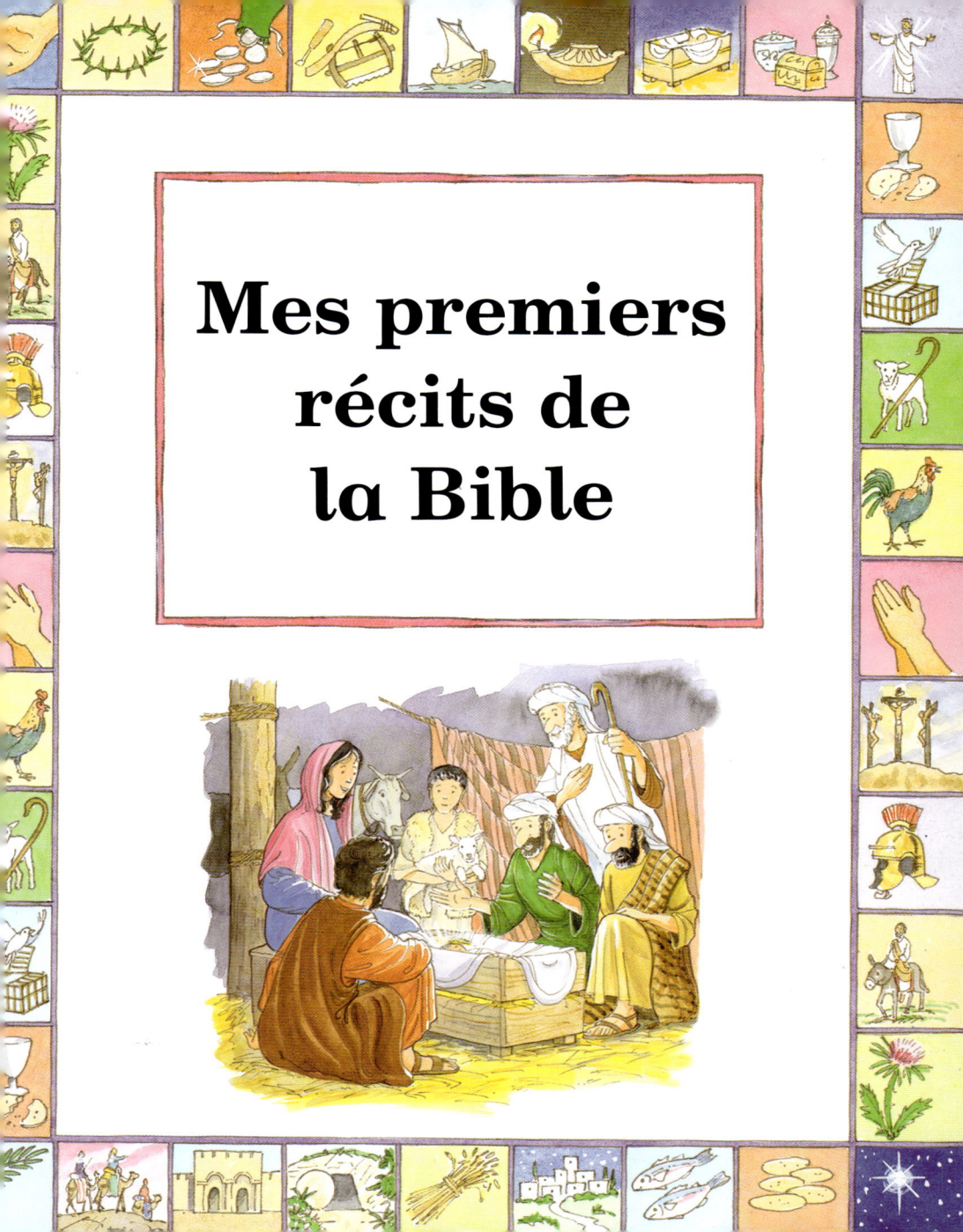

Mes premiers récits de la Bible

© Copyright 2002 pour l'édition originale

PARRAGON BOOKS LTD
Queen Street House
4 Queen Street
Bath BA1 1HE, Royaume-Uni

Création : The Complete Works

Tous droits réservés. Aucune partie de ce livre ne peut être reproduite, stockée ou transmise par quelque moyen électronique, mécanique, de reprographie, d'enregistrement ou autres que ce soit sans l'accord préalable des ayants droit.

© Copyright 2004 pour l'édition française
PARRAGON BOOKS LTD

Réalisation : InTexte Édition
Traduction de l'anglais : Dominique Autié

ISBN 978-1-4454-0112-6

Imprimé en Chine

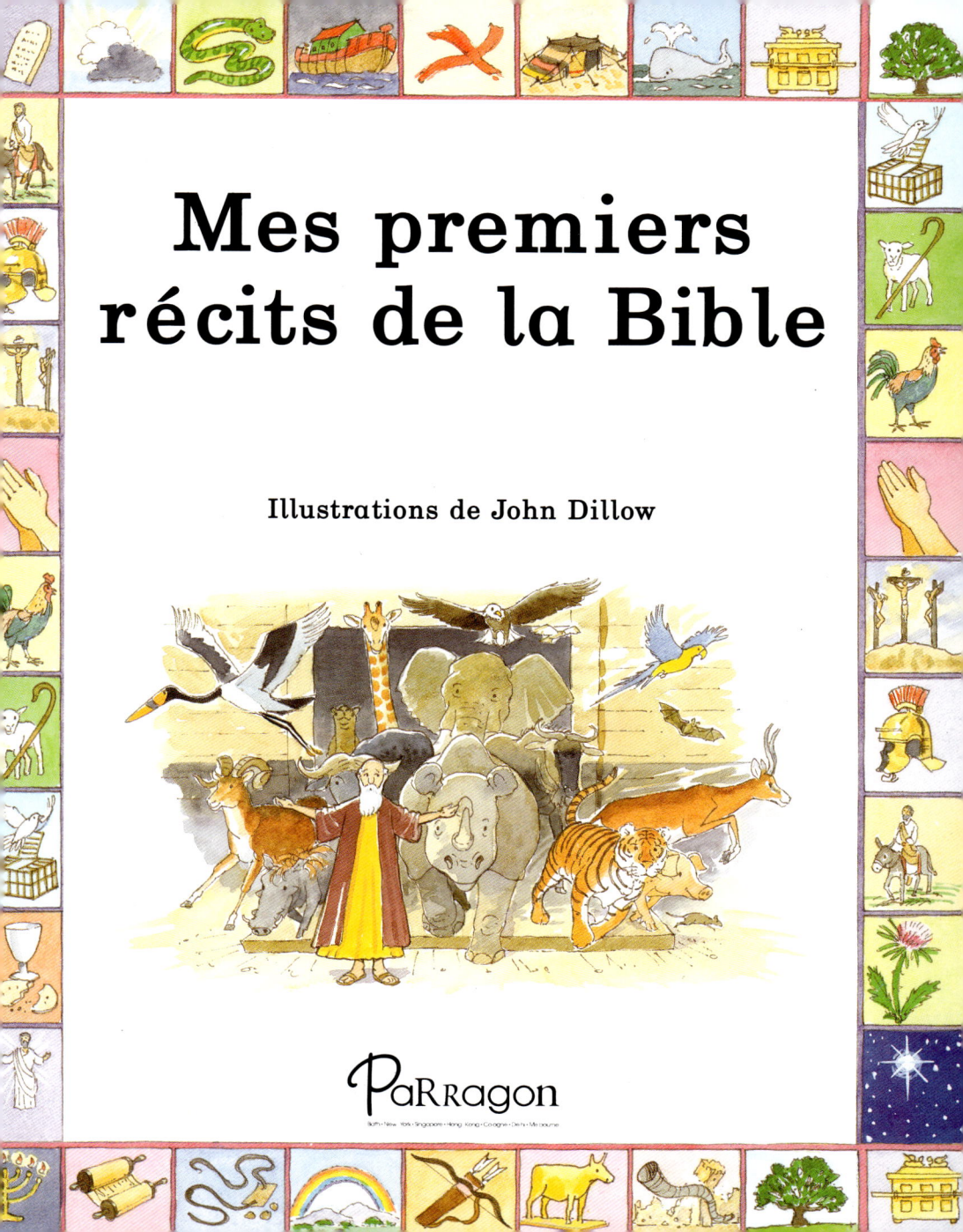

Mes premiers récits de la Bible

Illustrations de John Dillow

PaRragon

L'ANCIEN TESTAMENT

Ainsi commença l'univers 10 GENÈSE, 1-2	**Ton Dieu sera mon Dieu** 146 RUTH, 1-4
L'Éden, paradis perdu 16 GENÈSE, 2-3	**Il nous faut un roi** 152 I SAMUEL, 1, 8-10, 15-16
Deux frères, Caïn et Abel 24 GENÈSE, 4	**Le champion d'Israël** 160 1 SAMUEL, 16-17
Un nouveau départ 28 GENÈSE, 6-9	**Un chef remarquable** 168 II SAMUEL, 1-6, 11-19 ; I ROIS, 1
La tour la plus haute 38 GENÈSE, 11	**Le plus sage des hommes** 174 I ROIS, 1-4, 10
Le père d'une grande nation 42 GENÈSE, 12-13, 15, 18, 21	**Un temple somptueux** 180 I ROIS, 5-8
La bonne épouse pour Isaac 48 GENÈSE, 24	**Israël sera repris** 186 I ROIS, 11
Les enfants d'Israël 56 GENÈSE, 25, 27-29, 32-33	**Le vrai Dieu** 188 I ROIS, 12, 16-19
Vendu pour vingt pièces d'argent 68 GENÈSE, 37	**Le prophète Isaïe** 196 ISAÏE, 9, 11
Jeté en prison 74 GENÈSE, 39-41	**Jeté aux lions** 198 DANIEL, 1, 6
Retrouvailles 82 GENÈSE, 42-47	**Un poisson énorme** 206 JONAS, 1-4
Tu as été élu 90 EXODE, 1-4	**Le Roi de la Paix** 214 MICHÉE, 5
Laisse partir mon peuple 98 EXODE, 5-14	
Dieu prend soin de Son peuple 108 EXODE, 16-17	
Les dix commandements 114 EXODE, 19-20, 24-27, 32, 34-40	
Quarante ans dans le désert 122 NOMBRES, 13-14, 17, 21	
Les murailles s'écroulèrent 128 JOSUÉ, 1-6	
Le secret de sa force 138 JUGES, 13-16	

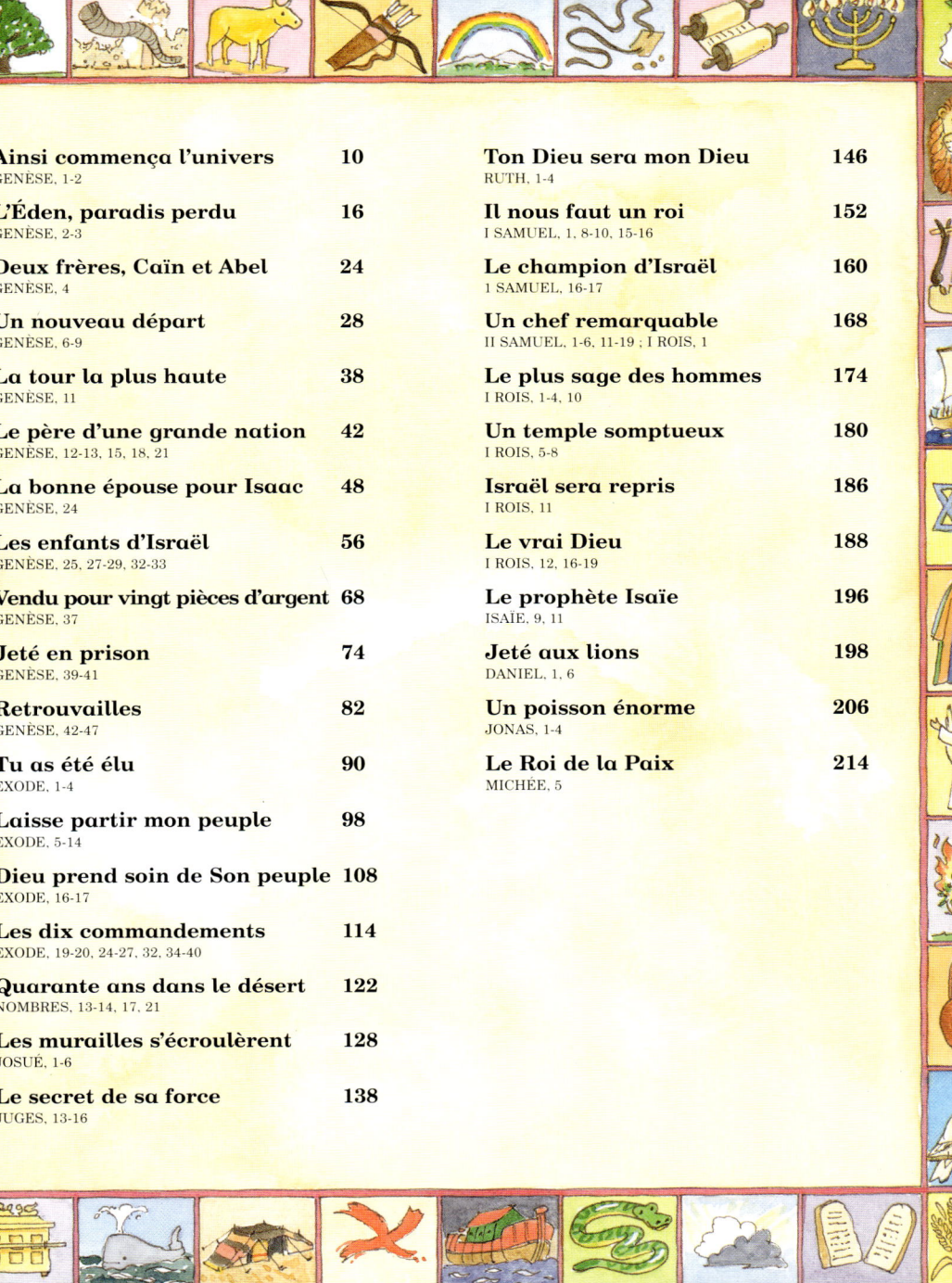

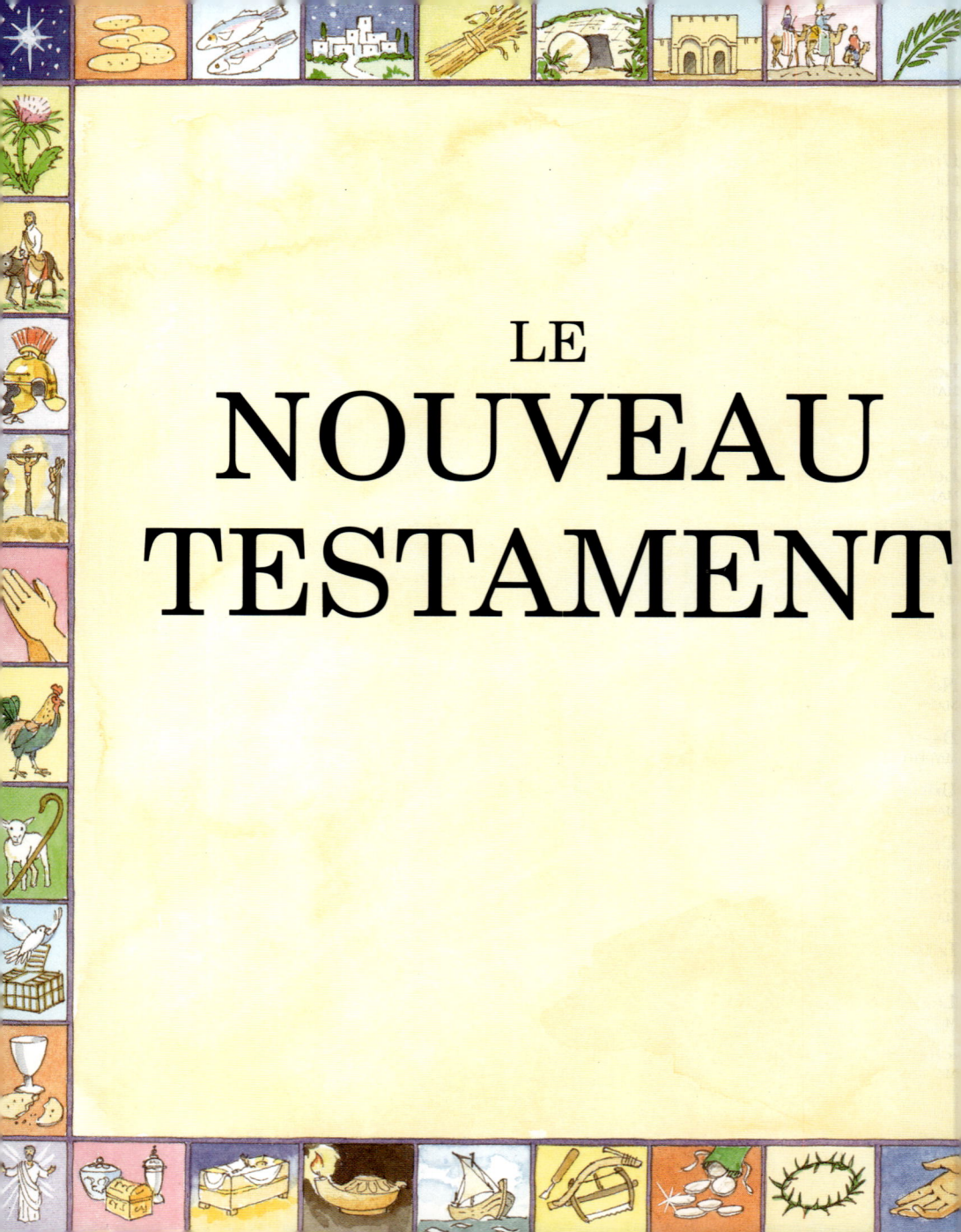

LE NOUVEAU TESTAMENT

L'ange messager LUC, 1	218
Élue MATTHIEU, 1	222
La petite ville de Bethléem LUC, 2	224
Les bergers LUC, 2	228
Les trois mages MATTHIEU, 2	232
La maison de mon Père LUC, 2	238
Le règne de Dieu est proche MATTHIEU, 3 ; MARC, 1 ; LUC, 3 ; JEAN, 1	242
Changée en vin ! MARC, 1 ; JEAN, 2	246
Il en choisit douze MATTHIEU, 4, 10 ; MARC, 1, 3 ; LUC, 5-6	250
Le paralytique MATTHIEU, 9 ; MARC, 2 ; LUC, 5	258
Notre Père, qui es aux Cieux MATTHIEU, 5-7 ; LUC, 6	264
De solides fondations MATTHIEU, 7	272
Un centurion romain MATTHIEU, 8 ; LUC, 7	274
Une terrible tempête MATTHIEU, 8 ; MARC, 4 ; LUC, 8	278
Crois seulement MATTHIEU, 9 ; MARC, 5 ; LUC, 8	282
Le Bon Pasteur MATTHIEU, 18 ; LUC, 15 ; JEAN, 10	288
Les grains dans la bonne terre MATTHIEU, 13 ; MARC, 4 ; LUC, 8	292
« Je suis le semeur… » MATTHIEU, 13	296
Cinq mille personnes MATTHIEU, 14 ; MARC, 6 ; LUC, 9 ; JEAN, 6	300
Moïse et le prophète Élie MATTHIEU, 17 ; MARC, 9 ; LUC, 9	304
Mon fils était perdu LUC, 15	308
Le bon Samaritain LUC, 10	316
La résurrection de Lazare LUC, 10 ; JEAN, 11	322
Aie pitié de nous LUC, 17	332
Zachée, le percepteur LUC, 19	334
L'entrée dans Jérusalem MATTHIEU, 21 ; MARC, 11 ; LUC, 19 ; JEAN, 12	336
Trente pièces d'argent MATTHIEU, 26 ; MARC, 14 ; LUC, 22	340
Le dernier repas MATTHIEU, 26 ; MARC, 14 ; LUC, 22 ; JEAN, 13	342
Au jardin de Gethsémani MATTHIEU, 26 ; MARC, 14 ; LUC, 22	348
Je ne le connais pas MATTHIEU, 26 ; MARC, 14 ; LUC, 22-23 ; JEAN, 18	354
Père, pardonne-leur MATTHIEU, 27 ; MARC, 15 ; LUC, 23 ; JEAN, 18	360
Le Fils de Dieu MATTHIEU, 27 ; MARC, 15 ; LUC, 23 ; JEAN, 19	366
Le tombeau MATTHIEU, 27-28 ; MARC, 15-16 ; LUC, 23-24 ; JEAN, 19-20	370
Relevé d'entre les morts MATTHIEU, 28 ; MARC, 16 ; LUC, 24 ; JEAN, 20-21	376
L'Esprit Saint ACTES DES APÔTRES, 1-2	380

L'ANCIEN TESTAMENT

Ainsi commença l'univers

GENÈSE, 1-2

Il y a longtemps, très longtemps, avant le début des temps, il n'y avait ni fleuves ni montagnes, ni ruisseaux ni collines. Il n'y avait rien de visible, rien que les ténèbres. Mais Dieu était là et, pour percer les ténèbres, Dieu ordonna que la lumière soit. Ainsi, le tout premier jour se leva.

Dieu se mit ensuite à créer les mers…

et, entre les mers, Il créa la terre ferme, qu'Il couvrit de toutes sortes d'arbres et de plantes.

Au-dessus de la Terre, Il plaça un soleil aveuglant, qu'il fit briller le jour…

et une lune miroitante pour briller la nuit. Il parsema le ciel de milliards d'étoiles scintillantes…

et ainsi l'Univers fut-il créé.

Dieu emplit ensuite les mers de poissons multicolores. Il y a ajouta les crabes qui rampent, les requins rusés et les baleines bedonnantes.

Au-dessus de la terre ferme, Il fit virevolter les oiseaux. Partout l'air vibrait de papillons superbes, d'abeilles et de chauves-souris.

Sur tous les continents, Dieu créa toutes sortes d'animaux. Il les fit courir, trottiner, bondir et ramper.

Puis Dieu créa le tout premier homme et la première femme, Adam et Ève. Il leur confia toutes les créatures.

Tout était bonheur et opulence. Il avait fallu à Dieu six jours pour créer ce monde nouveau. Le septième jour, qu'Il appela le sabbat, Dieu décida de prendre du repos.

L'Éden, paradis perdu

GENÈSE, 2-3

À l'écart, Dieu aménagea un jardin pour Adam et Ève. Il était rempli de plantes luxuriantes et de fleurs de toute beauté. Des ruisseaux miroitants jaillissaient du sol et les arbres regorgeaient de fruits dont Adam et Ève pouvaient se nourrir.

Tant d'animaux différents vivaient dans le jardin qu'il fallut des heures à Adam pour leur trouver un nom… écureuil, flamant, geai, girafe, gorille, hippopotame, hyène…

Adam et Ève vivaient heureux dans le jardin d'Éden, parmi toutes ces créatures. Ils disposaient de tout ce dont ils avaient besoin.

Au centre du jardin se trouvait un arbre très particulier. Il s'appelait l'Arbre de la Connaissance. Dieu l'avait créé tel qu'il paraisse très différent des autres arbres.

« Vous ne devez pas manger les fruits de cet arbre, prévint Dieu. Vous pouvez manger des fruits de tous les autres arbres, mais si vous mangez des fruits de celui-ci, il arrivera de grands malheurs. »

Pendant quelque temps, Adam et Ève obéirent à l'ordre de Dieu.

Mais un serpent très sournois vivait dans le jardin d'Éden. Il voulut jouer un mauvais tour à Ève.

Un jour, le serpent aperçut Ève près de l'Arbre de la Connaissance. Il ondula jusqu'à elle et lui murmura : « Regarde ces fruits… »

« Je ne dois pas y toucher », dit Ève.

« S-Sens-les, ils sont s-s-sucrés », siffla le serpent.

« Dieu nous a dit de ne pas en approcher ! »

« Ah ! ricana le serpent, Dieu ne veut pas que vous ayez connaissance de ce qu'Il fait, de ce qui est bon et de ce qui est mal ! »

Ève contemplait les fruits délicieux et se demandait quel effet lui ferait de savoir tout ce que sait Dieu. Elle tendit la main, saisit un fruit et mordit dedans.

Elle le tendit à Adam pour qu'il le goûte. C'est alors que tout se mit à aller mal.

Quand Dieu s'adressa à Adam et Ève ce soir-là, Il savait ce qu'ils venaient de faire. En colère, Il leur dit de quitter aussitôt le jardin.

Adam et Ève s'éloignèrent. Dieu posta un ange pour empêcher qu'ils ne reviennent.

Quand ils vivaient dans le jardin d'Éden, Adam et Ève ne manquaient de rien. Jamais ils ne seraient devenus vieux. Désormais, rien ne serait plus pareil. Ils devraient travailler dur et il savaient qu'un jour ils mourraient.

C'en était fini du monde parfait que Dieu avait créé.

Deux frères, Caïn et Abel

GENÈSE, 4

Après avoir quitté le jardin d'Éden, Adam et Ève eurent deux fils, Caïn et Abel. Devenus adultes, Caïn cultiva la terre tandis qu'Abel élevait des brebis.

Un jour, les deux frères décidèrent de faire des cadeaux à Dieu. Caïn offrit le produit de sa récolte, Abel un agneau.

Mais Dieu ne prit plaisir qu'au présent d'Abel. Il avait lu dans leur cœur et compris qu'Abel était bon et loyal, tandis que Caïn était méchant et plein de rancune.

Caïn se mit en colère et, jaloux de son frère, décida de le tuer.

C'est ainsi que Caïn proposa à Abel d'aller se promener dans la campagne. Caïn tua son frère, pensant que personne ne l'avait vu. Mais Dieu avait tout vu.

Quand Dieu demanda où était Abel, Caïn mentit : « Je ne sais pas. »

« Tu as commis une chose affreuse, répondit Dieu. Tu ne peux rester dans ce pays. »

« Cette punition est trop lourde, s'écria Caïn, tu me chasses de ma terre et tu me prives de ta présence. Si l'on me croise, on cherchera à me tuer pour le crime que j'ai commis. »

« Non, affirma Dieu, je ne le permettrai pas. Je ferai en sorte que nul ne te fasse du mal. »

Caïn quitta sa maison, dans laquelle il ne revint jamais, et partit finir sa vie dans la terre de Nod.

Un nouveau départ

GENÈSE, 6-9

Au fil du temps, les hommes, que Dieu avait créés, devenaient de plus en plus mauvais. Dieu regarda le monde et se dit qu'il n'était pas comme il avait voulu qu'il soit et il décida d'en finir. Il fallait que le monde prenne un nouveau départ.

Dieu décida qu'un déluge extraordinaire nettoierait la Terre de tout ce qui était mauvais. Il décida toutefois de sauver Noé, un homme bon et généreux, ainsi que sa famille.

Dieu donna des instructions très précises à Noé et lui demanda de se tenir prêt à affronter le déluge.

Dieu dit à Noé de construire une arche, c'est-à-dire un navire immense. On se moqua de Noé car il n'y avait pas d'océan à la ronde. Noé n'y fit pas attention.

Pendant des mois, il ne s'arrêta pas de travailler jusqu'à ce qu'il ait achevé l'arche, qui était aussi haute que la plus haute maison jamais bâtie.

Le navire prêt, Noé le remplit d'une grande quantité de nourriture, de quoi tenir longtemps. Puis il fit monter dans l'arche un couple de chaque espèce d'animaux qui vivait sur la Terre. La file s'allongeait de tout ce qui rampait, sautait, volait, marchait à deux ou quatre pattes, jusqu'à ce qu'enfin toutes les créatures soient embarquées.

Quand Noé et sa femme, ainsi que toute la famille de Noé, eurent pris place, Dieu referma avec soin la porte de l'arche derrière eux.

Il se mit à pleuvoir. Ce fut d'abord, une petite pluie fine, de plus en plus violente, puis l'averse qui frappait la surface de la Terre comme un énorme tambour ! Les ruisseaux grossirent, les rivières se confondirent avec les océans et, bientôt, toutes les mers n'en firent plus qu'une. L'eau recouvrit toute la Terre de Dieu, jusqu'à ce que plus aucune montagne ne dépasse. Tous les hommes et tous les animaux furent submergés.

Quarante jours et quarante nuit durant, il plut et il plut encore. À perte de vue, il n'y avait que de l'eau. Le monde offrait un spectacle de désolation.

Enfin, la pluie cessa et l'eau commença à refluer. Noé ouvrit une fenêtre et lâcha un corbeau. Mais l'eau recouvrait encore toute la Terre et le corbeau ne revint pas.

Noé attendit quelque temps et relâcha une colombe. Mais elle revint peu après car l'eau était toujours trop haute.

Quand Noé essaya de nouveau, la colombe revint avec un brin d'olivier dans le bec. Noé comprit que les eaux avaient baissé et que les arbres et les plantes repoussaient.

Quand Noé lâcha de nouveau la colombe, celle-ci ne revint pas. Le déluge s'était retiré.

Noé ouvrit les portes de l'arche. Les animaux sortirent et se dispersèrent sur la terre ferme.

Dieu promit à Noé qu'il ne détruirait plus les êtres vivants par un déluge. « Chaque fois que tu verras un arc-en-ciel, pense à ma promesse et sois certain que je la tiendrai. »

La tour la plus haute

GENÈSE, 11

Après le déluge, la famille de Noé devint de plus en plus nombreuse : il y avait les petits-enfants, les arrière-petits-enfants et les arrière-arrière-petits-enfants… Ils se répandirent sur toute la Terre, selon la volonté de Dieu. Ils parlaient tous la même langue, de sorte qu'il pouvaient communiquer entre eux.

Certains s'installèrent à Babylone. Peu à peu, ils acquirent de nouvelles techniques, comme la fabrication des briques. Ils se servaient du bitume pour assembler les briques et construire leurs maisons.

Un jour, quelqu'un proposa qu'on construise la tour la plus haute qu'on ait jamais vue. On parlerait d'eux dans le monde entier. Ils se mirent au travail.

Dieu observait les murs de cette tour qui s'élevaient de plus en plus haut. Il avait compris que les hommes ne recherchaient que la gloire et le pouvoir. Ils se croiraient bientôt aussi grands que Dieu. Leurs idées de grandeur allaient les rendre aussi méchants qu'avant le déluge.

Dieu ne perdit pas plus de temps. Il fallait que les hommes puissent se parler pour achever cette tour. S'ils s'exprimaient dans des langues différentes sans pouvoir se comprendre entre eux, le chantier ne pourrait continuer.

Aussi Dieu les fit-il s'exprimer dans de nombreuses langues et Il les dispersa dans des pays différents aux quatre coins du monde.

Le père d'une grande nation

GENÈSE, 12-13, 15, 18, 21

Or, il arriva qu'un des descendants de Noé, Abraham, s'installa dans un lieu nommé Haran. Abraham était un homme bon, qui croyait en Dieu. Avec sa femme, Sarah, ils étaient très vieux et n'avaient pas eu d'enfants.

Un jour, Dieu dit à Abraham de quitter l'endroit où il s'était installé pour se rendre dans un pays nommé Canaan : « Si tu mets ta confiance en moi, dit Dieu, je ferai de toi le père d'une grande nation. »

Abraham fit confiance à Dieu. Il rassembla tout ce qu'il possédait. Avec Sarah, ses serviteurs et ses bergers, et avec Lot, son neveu, il se mit en route pour le pays inconnu.

Il fallut plusieurs années d'un voyage périlleux avant qu'Abraham et sa tribu ne parviennent à Canaan.

Tout alla bien pendant quelque temps, mais un jour Abraham comprit qu'il n'y aurait pas assez de nourriture ni d'eau pour tout le monde. Il accepta que Lot aille vivre en aval, sur des terres plus fertiles, tandis que Sarah et lui resteraient là où le sol était pauvre.

Lot parti, Dieu s'adressa à Abraham :
« Je te donnerai tout le pays que tu as sous les yeux et il sera à toi pour toujours, dit Dieu. Tu auras des enfants, des petits-enfants et des arrière-petits-enfants, autant qu'il existe d'étoiles dans le ciel. Et tu seras le père d'une grande nation, qui durera à travers les âges. »

Un jour, plusieurs années plus tard,
Abraham vit trois hommes venir à lui.
Abraham leur offrit du pain frais, de la viande
rôtie, du lait et de la crème.

À la fin du repas, les hommes dirent à
Abraham et à Sarah : « Vous allez avoir un fils
dans neuf mois. » Sarah se mit à rire : elle était
bien trop âgée pour avoir un enfant !

Mais, les neuf mois écoulés, la promesse de Dieu se réalisa. Sarah et Abraham eurent un fils, Isaac. Quand il fut né, Abraham se souvint que Dieu lui avait dit que ses enfants seraient à l'origine d'une grande nation. Abraham sut dès lors qu'un jour il en serait ainsi.

La bonne épouse pour Isaac

GENÈSE, 24

Le temps passa et Isaac devint un beau jeune homme. Quand Sarah mourut, Abraham décida qu'Isaac devait se marier. Il fit appeler son plus fidèle serviteur.

« Il te faut te rendre dans mon pays natal, lui dit Abraham. Va trouver une épouse pour Isaac. Elle doit être de ma parenté. »

« Mais que faire si la jeune fille ne veut pas venir ici ? demanda le serviteur. Ne devrais-je pas emmener Isaac avec moi dans votre pays ? »

« Il n'en est pas question ! lui répondit vivement Abraham. Ce pays a été promis par Dieu pour ma descendance. Si la jeune fille ne veut pas te suivre, reviens sans elle. »

On chargea des chameaux, et le serviteur se mit en route pour ce long voyage.

Le serviteur parvint enfin dans la ville de Nahor, où habitait le frère d'Abraham. C'était le soir et les chameaux étaient exténués. Le serviteur fit s'agenouiller les chameaux près du puits communal et il se mit à prier.

« Dieu, je t'en prie, aide-moi à satisfaire Abraham. Bientôt, les femmes vont venir au puits tirer de l'eau. À l'une d'elles, je demanderai à boire. Si sa délicatesse va jusqu'à puiser de l'eau pour mes chameaux, ce sera elle la bonne épouse pour Isaac. » Soudain, le serviteur aperçut une belle jeune fille qui portait une cruche sur l'épaule.

Le serviteur d'Abraham observa la jeune fille tandis qu'elle remplissait sa cruche. Il lui demanda à boire. Elle lui tendit sa cruche. Puis elle courut puiser de l'eau pour les chameaux.

« Serait-il possible que je passe la nuit dans la maison de ton père ? » lui demanda-t-il.

« Certainement », répondit-elle, ajoutant qu'elle était Rébecca, petite-fille de Nahor. Le serviteur remercia Dieu de l'avoir conduit tout droit à la famille d'Abraham.

Rébecca courut annoncer chez elle ce qui s'était passé.

Laban, le frère de Rébecca, souhaita la bienvenue à l'étranger et le fit manger.

Le serviteur expliqua la raison de son voyage. Sa famille comprit que Dieu voulait que Rébecca devienne l'épouse d'Isaac.

Le lendemain matin, le serviteur d'Abraham eut hâte de se remettre en route. Bien qu'il lui faille quitter sa famille pour aller vivre au loin, Rébecca consentit à le suivre. Elle dit au revoir à ses parents et tous deux entreprirent le long voyage de retour vers Canaan.

Le jour tombait quand Isaac aperçut la caravane qui s'approchait.

Isaac s'efforça d'écouter le vieux serviteur lui faire le récit de son voyage, mais c'est à peine s'il l'entendait. Il était bien trop occupé à admirer la belle jeune femme qui avait fait un si long trajet pour devenir sa femme.

Ils se marièrent peu après et l'amour d'Isaac pour Rébecca fut immense.

Les enfants d'Israël

GENÈSE, 25, 27-29, 32-33

Quelque temps après qu'Isaac et Rébecca furent mariés, Rébecca donna le jour à deux jumeaux. Avec l'âge, ils se révélèrent très différents. Ésaü, le premier-né et le préféré d'Isaac, aimait vivre au grand air. Son passe-temps était la chasse et il rapportait souvent de ses équipées de la viande, qu'Isaac prenait plaisir à déguster.

Jacob, le second venu et favori de Rébecca, était un garçon beaucoup plus calme. Il préférait rester sous la tente.

Ésaü et Jacob ne se ressemblaient d'ailleurs pas. Jacob n'avait ni les cheveux roux d'Ésaü, ni sa peau velue.

Avec l'âge, Isaac devint aveugle. Il pensa qu'il allait bientôt mourir. À cette époque, il était important qu'un père donne avant de mourir la bénédiction à son fils aîné pour en faire le nouveau chef de famille. Donc, un jour, Isaac envoya Ésaü chasser afin qu'ils partagent un plat de la viande préférée d'Isaac avant la bénédiction.

Rébecca voulait que ce soit Jacob qui reçoive la bénédiction. Si Jacob se faisait passer pour son frère, Isaac ne s'en rendrait pas compte.

Aussi prépara-t-elle le plat préféré d'Isaac. Elle habilla Jacob avec les vêtements d'Ésaü. Elle couvrit ses bras de peau de chèvre pour qu'ils paraissent aussi poilus que ceux de son frère. Puis elle l'envoya porter la viande à Isaac.

Au début, tout se passa bien. Isaac sentit la viande avec délices. Il tendit la main vers son fils et la peau de chèvre lui fit croire que c'était le bras d'Ésaü qu'il touchait. Mais la voix sonnait faux.

« Es-tu vraiment Ésaü ? » demanda Isaac.

« Oui, c'est moi », mentit Jacob.

C'est ainsi qu'Isaac pria Dieu de bénir Jacob, pensant qu'il était son premier-né.

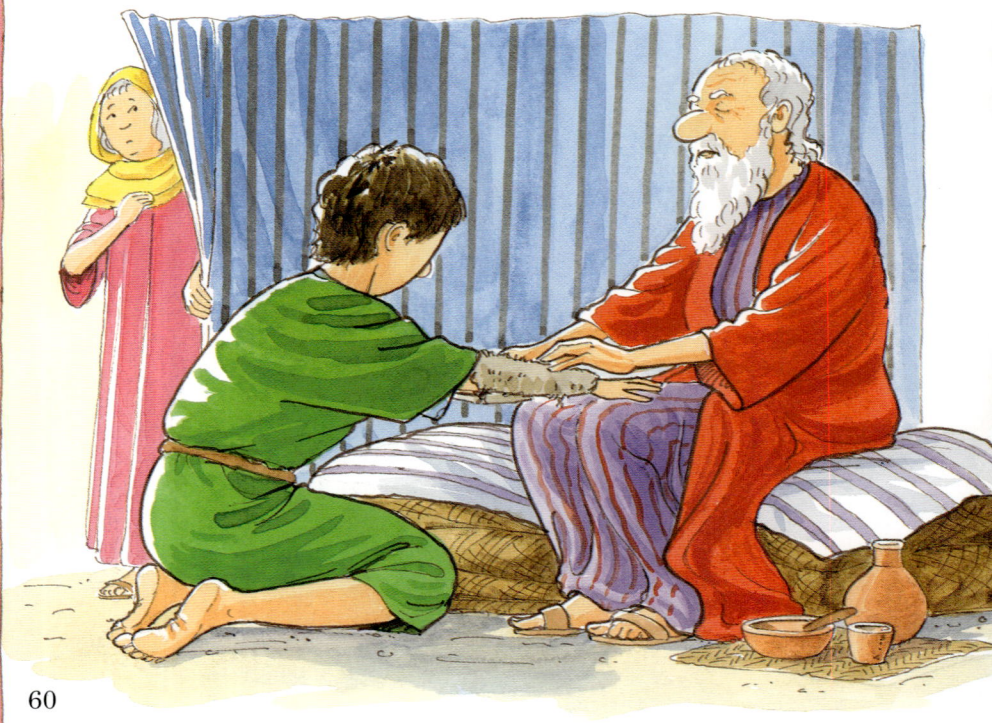

Quand Ésaü revint avec du gibier pour son père, il apprit la vérité. Ésaü entra dans une telle colère que Rébecca prit peur. Elle parvint à convaincre Isaac que c'était le bon moment pour que Jacob cherche une femme parmi sa tribu.

On décida d'envoyer Jacob séjourner chez le frère de Rébecca, Laban, jusqu'à ce que la colère d'Ésaü soit retombée.

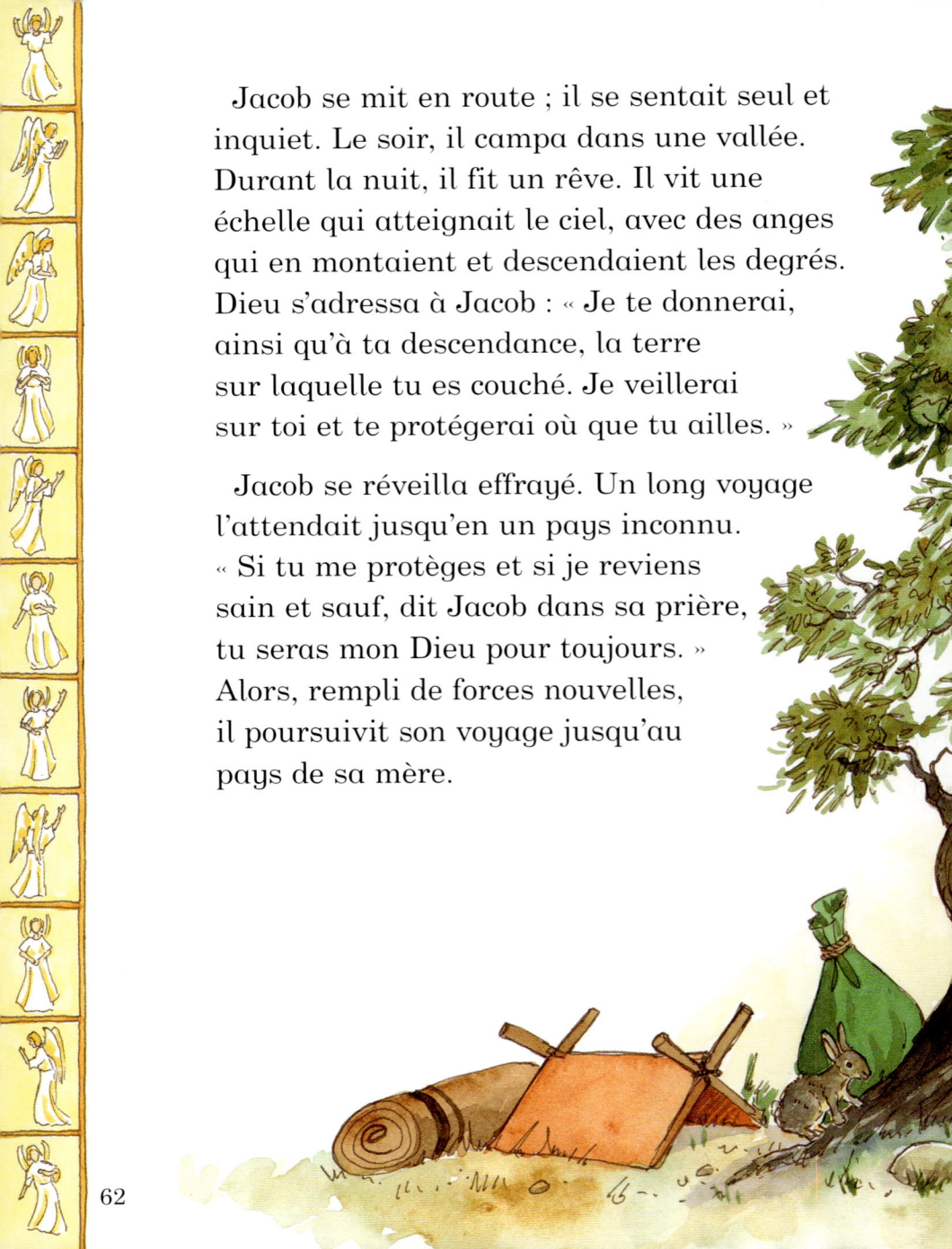

Jacob se mit en route ; il se sentait seul et inquiet. Le soir, il campa dans une vallée. Durant la nuit, il fit un rêve. Il vit une échelle qui atteignait le ciel, avec des anges qui en montaient et descendaient les degrés. Dieu s'adressa à Jacob : « Je te donnerai, ainsi qu'à ta descendance, la terre sur laquelle tu es couché. Je veillerai sur toi et te protégerai où que tu ailles. »

Jacob se réveilla effrayé. Un long voyage l'attendait jusqu'en un pays inconnu. « Si tu me protèges et si je reviens sain et sauf, dit Jacob dans sa prière, tu seras mon Dieu pour toujours. » Alors, rempli de forces nouvelles, il poursuivit son voyage jusqu'au pays de sa mère.

Quand Jacob parvint au terme de son voyage, il fut accueilli à bras ouverts. Il tomba amoureux de Rachel, la plus jeune des filles de Laban. Mais la coutume voulait que la fille aînée soit mariée la première, de sorte que Jacob prit Léa, la sœur de Rachel, comme première épouse. Quelque temps après, il épousa également Rachel.

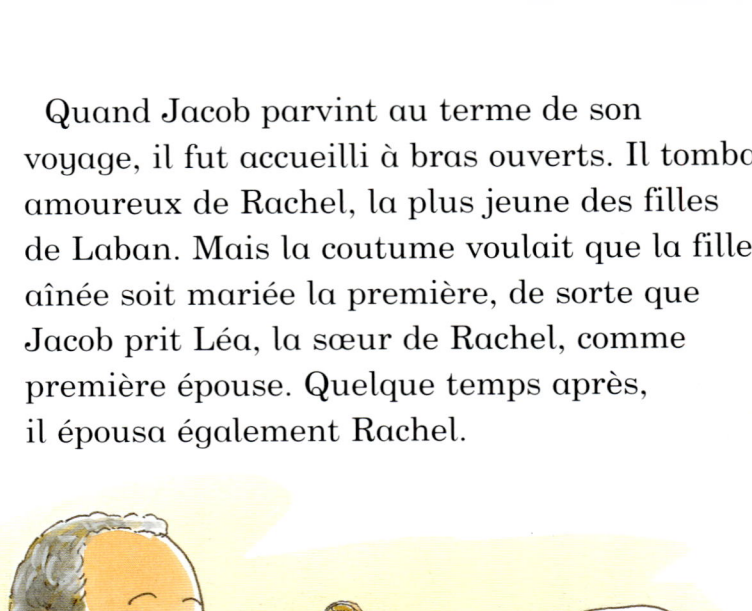

Quelques années plus tard, Jacob décida de s'en retourner à Canaan avec ses épouses et ses enfants. Mais, en chemin, il fut pris de frayeur. Comment Ésaü allait-il prendre son retour ? Lui aurait-il pardonné ? C'est pourquoi Jacob envoya en éclaireurs des messagers, qui revinrent avec des nouvelles préoccupantes. Ésaü venait à sa rencontre avec quatre cents hommes.

Jacob choisit différents animaux pour les offrir à Ésaü, et il envoya ses serviteurs au-devant de son frère. Resté seul au camp, Jacob était anxieux à l'idée de rencontrer son frère et il pria Dieu de l'aider. Soudain survint un inconnu et les deux hommes se battirent. L'inconnu n'était autre que Dieu venu rassurer Jacob et lui dire qu'il était dans la bonne voie. Quand l'inconnu s'éloigna, Jacob comprit qu'il avait été béni par Dieu et, dès lors, il prit le nom d'Israël – celui qui a lutté avec Dieu.

Quand Jacob vit Ésaü et ses hommes, son angoisse s'évanouit. Ésaü prit son frère dans ses bras et toutes les anciennes rancunes furent oubliées.

« Découvrir ton visage accueillant, ce fut comme contempler le visage de Dieu », dit Jacob, débordant de joie.

Des années plus tard, la famille de Jacob fut désignée comme les fils d'Israël. La promesse de Dieu avait été réalisée.

Vendu pour vingt pièces d'argent

GENÈSE, 37

Jacob eut douze fils, dix de Léa et deux – Joseph et Benjamin – de Rachel. Son favori était Joseph et il le gâta. Pour cette raison, ses frères détestaient Joseph. Quand leur père offrit à Joseph une tunique à manches longues, ses frères furent très jaloux.

Joseph aggrava les choses en racontant à tout le monde, avec insistance, ses rêves dans lesquels il lui revenait toujours le beau rôle.

Dans un de ses rêves, Joseph affirma que les gerbes de blé de ses frères se pliaient devant la sienne. « Tu penses peut-être que tu vas être roi et que tu vas régner sur nous tous ? » lui demandèrent ses frères. Joseph ne répondit pas.

Un jour, Jacob envoya Joseph auprès de ses frères, qui surveillaient les brebis.

Quand ils aperçurent Joseph, ils firent un plan pour le tuer. Ils se débarrasseraient de son corps en le jetant dans un puits asséché et profond et diraient que les bêtes sauvages l'avaient dévoré. Ils en avaient assez de Joseph et de ses rêves.

Quand Joseph les eut rejoints, ses frères s'emparèrent de lui, mais l'aîné, Ruben, les fit changer d'avis. « Jetons-le dans le puits, dit-il, et laissons-le mourir », projetant de revenir en cachette sauver Joseph.

Joseph ne put se défendre contre ses frères, trop nombreux, tandis qu'ils le dépouillaient de sa tunique et le jetaient dans le puits profond et obscur.

Un peu plus tard, tandis que les frères mangeaient, passa une caravane d'épices qui se rendait en Égypte. Juda eut une idée.

« Nous ne tirerons aucun profit de la mort de Joseph. Si nous le vendions comme esclave ? »

On fut d'accord. Joseph, terrorisé, fut extrait du puits et vendu contre vingt pièces d'argent aux marchands de la caravane suivante qui vint à passer.

Les frères tuèrent une chèvre et aspergèrent de son sang la tunique de Joseph.

Quand Jacob découvrit la tunique déchirée, il fut convaincu que Joseph avait été tué par une bête sauvage. Il fut brisé par le chagrin.

Pendant ce temps, en Égypte, les marchands avaient vendu Joseph à Putiphar, le commandant de la garde à la cour de Pharaon.

Jeté en prison

GENÈSE, 39-41

Pendant plusieurs années, Joseph fut un serviteur zélé. Dans un premier temps, Putiphar lui confia la gestion de sa maison, puis de l'ensemble de son domaine. Mais des ennuis survinrent.

La femme de Putiphar en voulait à Joseph et elle raconta des mensonges à son mari, prétendant que Joseph l'avait menacée. Putiphar fit jeter Joseph en prison.

Il se trouva que le majordome et le boulanger de Pharaon étaient dans la même prison. Joseph fut désigné pour être leur serviteur.

Une nuit, ils firent de mauvais rêves. « Dieu peut nous aider à comprendre nos rêves, dit Joseph. Racontez-moi. »

Le majordome parla à Joseph d'un cep de vigne à trois pampres. Il avait pressé le raisin dans la coupe de Pharaon et la lui avait tendue pour qu'il boive.

« L'interprétation est claire, dit Joseph. Dans trois jours, tu seras libre et rétabli dans tes fonctions. Pense à intervenir en ma faveur, je t'en prie. »

Joseph se tourna vers le boulanger : « Tu dis que dans ton rêve tu portais sur la tête trois paniers remplis de pain et de pâtisseries, que les oiseaux venaient picorer. »

Joseph secoua la tête avec tristesse. « Ce rêve ne dit rien de bon, avoua Joseph. D'ici trois jours, Pharaon va te mettre à mort. »

Joseph avait raison. Trois jours plus tard, le majordome était de nouveau à son poste au palais de Pharaon et le boulanger était mort.

Dès qu'il fut libéré, le majordome oublia sa promesse, de sorte que Joseph resta au fond de sa prison.

Deux ans plus tard, le sommeil de Pharaon fut troublé par des rêves étranges. Dans l'un d'eux, il se trouvait dans un champ au bord du Nil, quand sept vaches grasses, bien nourries, sortirent de l'eau et vinrent brouter l'herbe de la rive. Elles furent suivies par sept vaches maigres, décharnées, qui les dévorèrent.

Aucun des plus grands sages d'Égypte ne put interpréter le rêve de Pharaon. C'est alors que le majordome se se souvint de Joseph et qu'il parla de lui à Pharaon. Sur-le-champ, Joseph fut amené au palais.

« Il va y avoir sept années de récoltes abondantes, expliqua Joseph. Ensuite, sept années de mauvaises récoltes. Il faut mettre du grain de côté les bonnes années afin de survivre pendant la famine. »

Pharaon comprit que Joseph était un homme de Dieu. Il en fut à ce point impressionné qu'il nomma Joseph ministre d'État et lui donna son anneau d'or, un collier et des vêtements de lin comme insignes de ses nouvelles fonctions.

Une fois encore, les événements se déroulèrent comme Joseph l'avait prédit.

Il était le personnage le plus puissant d'Égypte après Pharaon, car il avait tout prévu et tout organisé de sorte qu'il y eut suffisamment à manger lorsque survint la famine.

Retrouvailles

GENÈSE, 42-47

À Canaan, les temps étaient durs pour Jacob et les siens. Il décida d'envoyer ses enfants – tous sauf Benjamin – en Égypte, où l'on trouvait encore du blé.

Les frères de Joseph se présentèrent devant Joseph, sans le reconnaître, pour lui acheter du blé. Joseph les reconnut tout de suite et voulut savoir s'ils étaient toujours aussi cruels.

Faisant mine de les prendre pour des espions, il les fit jeter en prison.

Trois jours plus tard, il leur dit de retourner chez eux et de revenir avec leur plus jeune frère. Joseph aimait beaucoup Benjamin et voulait le revoir. Joseph garda l'un d'eux en otage pour s'assurer qu'ils reviendraient.

Joseph ordonna à ses serviteurs de remplir leurs sacs de blé avant qu'ils ne prennent la route.

De retour à Canaan, les frères contèrent tout à Jacob mais celui-ci refusa de laisser partir Benjamin, de peur de perdre encore un fils.

Il n'y eut bientôt plus de blé. Juda supplia son père de les laisser repartir en Égypte, avec la promesse de veiller sur Benjamin. Jacob finit par céder. Les frères se présentèrent de nouveau devant Joseph, qui dut retenir ses larmes lorsqu'il vit Benjamin.

« Comment va votre père ? » leur demanda-t-il. Pour lui répondre, ils se prosternèrent, tout comme les gerbes de blé s'étaient courbées dans le rêve de Joseph des années plus tôt.

Joseph donna l'ordre qu'on leur serve à manger et dit à ses serviteurs de favoriser Benjamin.

Joseph fit remplir leurs sacs de blé. Il glissa sa propre coupe en argent dans le sac de Benjamin. Tous se mirent en route mais Joseph envoya les gardes à leur poursuite pour rechercher la coupe en argent qui avait disparu.

Saisis de terreur quand on découvrit la coupe, les frères revinrent devant Joseph et se prosternèrent à ses pieds.

« L'homme dans le sac duquel on a retrouvé ma coupe doit rester ici », ordonna Joseph.

« Accepte que je reste à sa place, supplia Juda. Notre père va mourir de chagrin si Benjamin ne revient pas. »

Alors Joseph eut l'assurance que ses frères avaient changé. Il congédia ses serviteurs, fondit en larme et déclara : « Je suis Joseph ! » Ses frères restèrent muets de stupéfaction.

« C'était le plan de Dieu que je sois envoyé en Égypte, leur dit Joseph, de sorte que je sois capable de vous aider lorsque viendraient les temps difficiles. Il y aura encore cinq années de famine. Retournez à la maison de notre père et amenez le reste de notre famille ici. »

Joseph serra Benjamin dans ses bras, puis ses frères, tandis que des larmes de joie coulaient sur ses joues.

Jacob et sa famille, les enfants d'Israël, quittèrent donc Canaan pour venir vivre en Égypte. Alors, Jacob retrouva Joseph, son fils bien-aimé.

Jacob s'installa au pays de Gochen, la province d'Égypte la plus agréable, où il vécut jusqu'à un âge très avancé.

Tu as été élu

EXODE, 1-4

Tant que Joseph vécut, sa famille fut heureuse en Égypte. À sa mort, le destin s'assombrit.

Un nouveau Pharaon prit le pouvoir. Il ne savait pas que Joseph avait aidé l'Égypte durant la famine. Il se rendit compte que les Israélites – les descendants de Joseph, appelé par Dieu Israël – étaient de plus en plus nombreux. Il craignit que, par leur nombre et leur pouvoir, ils ne surpassent les Égyptiens.

Il les mit au travail pour son compte à fabriquer des briques et construire des villes. Peu à peu, il en fit les esclaves de chefs égyptiens sans pitié. La vie devenait très dure, mais les Israélites continuaient à se multiplier. Alors, Pharaon donna l'ordre de tuer tous les fils qui naîtraient dans une famille israélite.

À cette même époque, une femme israélite eut un fils. Comme il était tout petit et qu'il dormait beaucoup, elle parvint à le cacher. Mais, au bout de trois mois, cela devint plus difficile, car il commençait à faire du bruit !

La jeune femme fit une corbeille avec des roseaux et le rendit étanche avec du bitume. Ensuite, elle coucha le bébé dedans et, avec mille précautions, elle la cacha parmi les grands joncs qui poussent sur les rives du Nil.

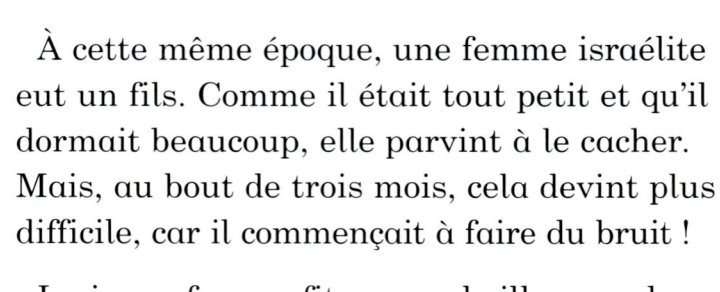

Sa fille, Miryam, resta à distance pour surveiller. Bientôt, la fille de Pharaon vint au fleuve pour se baigner. Elle découvrit la corbeille et, quand elle l'ouvrit, le bébé se mit à pleurer. Elle comprit que c'était un petit garçon israélite et eut pitié de lui.

Aussitôt, Miryam s'approcha. « Veux-tu que je trouve quelqu'un pour s'occuper de lui à ta place ? » lui demanda-t-elle. La fille de Pharaon fut d'accord et, bien entendu, Miryam courut chercher sa mère.

La mère s'occupa de l'enfant jusqu'à ce qu'il soit en âge d'aller vivre au palais de Pharaon.

La fille de Pharaon donna à l'enfant le nom de Moïse. On s'occupa bien de lui mais, à mesure qu'il grandissait, Moïse n'oublia jamais qu'il était un Israélite. Il était affligé de voir comment on maltraitait son peuple.

Un jour, Moïse vit un contremaître égyptien tuer un ouvrier israélite.

Il bondit sur l'Égyptien et le tua. Moïse savait que Pharaon apprendrait ce qu'il venait de faire et il s'enfuit dans le désert pour se mettre hors de danger.

Moïse se rendit dans un pays appelé Midiân, dans lequel il séjourna longtemps, travaillant comme berger.

Un jour, tandis qu'il surveillait son troupeau, il remarqua un buisson qui était en feu. De façon étrange, le buisson ne se consumait pas. En s'approchant, Moïse entendit une voix lui dire : « Je suis le Dieu d'Abraham et de tes ancêtres. J'ai vu la misère du peuple d'Israël. Tu vas aller trouver Pharaon et délivrer mon peuple. »

« Je t'en prie, choisis quelqu'un d'autre, implora Moïse. Personne ne m'écoutera. »

« Tu as été élu, répondit Dieu. Retourne en Égypte, va chercher Aaron ton frère et rends-toi avec lui devant Pharaon pour qu'il libère mon peuple. »

Laisse partir mon peuple

EXODE, 5-14

Moïse et Aaron se rendirent devant Pharaon et lui dirent, « Le Dieu d'Israël dit que tu dois laisser *Son* peuple partir. »

Mais Pharaon ne croyait pas en Dieu et se mit dans une grande colère. Comme sanction, il fit travailler le peuple de Moïse encore plus dur.

« Ne donnez plus de paille aux Israélites pour qu'ils fassent leurs briques, ordonna-t-il. Qu'ils aillent la ramasser eux-mêmes ! Mais ils devront en fabriquer autant qu'avant. »

Moïse se tourna de nouveau vers Dieu. « Je vais contraindre Pharaon à laisser Mon peuple partir, dit Dieu. Va lui dire que, s'il refuse encore, des choses terribles vont arriver. »

Moïse et Aaron revinrent devant Pharaon, décidés à obtenir de lui le départ des Israélites.

Afin de prouver à Pharaon qu'ils étaient envoyés par Dieu, Aaron jeta son bâton de marche à terre. Il se changea en serpent.

Mais les magiciens de Pharaon étaient eux aussi capables de le faire et Pharaon ne fut pas convaincu. Il refusa d'écouter Moïse. Alors, Dieu changea en sang les eaux du Nil.

Ensuite, des grenouilles envahirent tout le pays, et à leur suite des essaims de moustiques et de taons. Seul le pays de Gochen, où habitaient les fils d'Israël, fut épargné. Mais rien n'y fit, Pharaon ne voulait toujours pas les laisser quitter l'Égypte.

Alors, une à une, les bêtes des troupeaux moururent – toutes sauf celles de Gochen.

Même lorsque les Égyptiens furent couverts de pustules, Pharaon refusa de croire en Dieu et de laisser les Israélites libres de partir.

Puis Dieu envoya la grêle. Jamais personne n'avait vu pareille grêle. Une grêle mêlée de tonnerre, qui mit à bas les récoltes et tua tout ce qui restait de bétail.

Suivirent des nuées de sauterelles, par vagues bourdonnantes, qui dévorèrent jusqu'au dernier brin d'herbe et à la moindre pousse. Enfin, d'épaisses ténèbres couvrirent tout le pays pendant trois jours entiers.

Pharaon essaya de négocier avec Moïse. Mais Moïse ne céda pas : tous les Israélites, hommes, femmes, enfants ainsi que leur bétail devaient pouvoir s'en aller – Pharaon refusa.

Puis, une nuit, Dieu tua l'aîné de chaque famille égyptienne, y compris le propre fils de Pharaon.

Les familles israélites furent épargnées. Dieu avait demandé que chaque famille tue un agneau ou une chèvre et asperge d'un peu de son sang la porte de sa maison. Ensuite, ils rôtiraient la viande et la mangeraient avec du pain sans levain.

Le sang serait un signe que des fils d'Israël vivaient dans cette maison, ainsi l'ange de la mort épargnerait-il toute maison marquée de ce signe.

Dieu dit que les Israélites devraient désormais célébrer ce jour comme une fête importante. Chaque année qui suivit, ils mangèrent le repas de la pâque, pour se rappeler comment Dieu les avait sauvés.

Pharaon en eut assez. Il fit chercher Moïse et Aaron et leur dit : « Prenez avec vous votre peuple et partez tout de suite ! »

Les Égyptiens donnèrent aux Israélites de l'or et de l'argent pour qu'ils partent plus vite.

Mais, après le départ de Moïse et de son peuple, Pharaon changea d'avis et envoya ses soldats à leurs trousses. Ils rattrapèrent les Israélites près de la mer Rouge.

Moïse étendit la main et Dieu fit souffler une tempête qui repoussa et fendit les eaux.

Les fils d'Israël se précipitèrent sur la bande de terre sèche. Quand les soldats égyptiens se lancèrent à leur suite, les eaux se refermèrent soudain et les tuèrent jusqu'au dernier. Le peuple de Moïse était libre ! Cette nuit-là, les Israélites remercièrent Dieu par des chants.

Dieu prend soin de Son peuple

EXODE, 16-17

Il ne fallut pas longtemps pour que les Israélites se plaignent qu'ils avaient très peu à manger. Ils se souvenaient des poissons et des légumes prodigieux qu'ils trouvaient en Égypte. Ils oubliaient leurs maîtres cruels et ils s'en prirent à Moïse et Aaron.

« Il aurait mieux valu que
nous soyons tués en Égypte,
plutôt que de mourir de faim
dans le désert », grommelaient-ils.

Dieu entendit leurs récriminations.
« Vous aurez de la viande chaque
soir et du pain tous les jours,
sauf le jour du sabbat
qui est mon jour de repos »,
leur promit Dieu.

Ce soir-là, un immense vol d'oiseaux qu'on appelle des cailles se posa à l'endroit où les Israélites avaient dressé leur camp. Il y eut, dès lors, de la viande en abondance pour tous.

Le lendemain matin, une couche de rosée recouvrait les abords du camp. Lorsqu'elle fut séchée, il restait sur le sol quelque chose de blanc et de granuleux, aussi fin que du givre.

« C'est une nourriture que Dieu vous a envoyée, dit Moïse. Ramassez-en autant qu'il vous est nécessaire. »

Les Israélites s'empressèrent. Cela avait le goût du miel. Il y en avait tous les matins. Et le sixième jour, ils en ramassaient le double des autres jours, afin de passer le sabbat, le jour de repos de Dieu. Ils appelèrent cette nourriture la manne.

Mais les difficultés de Moïse ne s'arrêtèrent pas là. Le soleil brûlant frappait le désert ; chacun avait la gorge sèche et avait de plus en plus soif. Il n'y avait que très peu d'eau, et l'on se remit à maugréer.

Moïse appela Dieu à l'aide. « Prends la tête de ton peuple, dit Dieu, et lorsque tu atteindras le le mont Sinaï, frappe le rocher avec ton bâton. »

Moïse fit ainsi. De l'eau se mit à jaillir du rocher en abondance, fraîche et désaltérante, – et chacun put boire autant qu'il le souhaitait.

C'est ainsi que Dieu prit soin de Son peuple, tandis qu'il cheminait dans le désert durant son long voyage jusqu'au pays de Canaan.

Les dix commandements

EXODE, 19-20, 24-27, 32, 34-40

Moïse et son peuple campèrent au pied du mont Sinaï.

« Je vous ai conduits jusqu'ici pour être mon peuple élu, dit Dieu. Voulez-vous m'obéir ? » Les fils d'Israël dirent qu'ils feraient comme Dieu ordonnerait. Dieu dit alors qu'il leur donnerait dix règles, ses commandements, afin de leur indiquer la bonne façon de Le servir et de leur faire comprendre comment ils devaient se conduire les uns à l'égard des autres.

Deux jours après, il y eut du tonnerre et des éclairs au sommet de la montagne. Moïse et Aaron gravirent seuls le mont Sinaï et c'est là que Dieu leur donna ses commandements.

Voici les dix commandements de Dieu :

« Tu n'honoreras et tu ne serviras que moi, car je suis le seul Dieu.

Tu ne fabriqueras pas et n'adoreras pas d'idoles.

Tu prononceras mon nom avec respect.

Tu ne travailleras pas le jour du sabbat.

Tu respecteras ton père et ta mère.

Tu ne tueras pas.

Tu seras fidèle à ton mari ou à ta femme.

Tu ne voleras pas.

Tu ne mentiras pas.

Tu ne regarderas pas avec envie ce que possèdent les autres. »

Dieu expliqua à Moïse comment appliquer les commandements. Moïse à son tour l'expliqua à son peuple et chacun accepta de respecter les commandements.

Mais quand Moïse se rendit de nouveau sur la montagne pour s'entretenir avec Dieu, il resta parti si longtemps que le peuple commença à s'agiter. Ils virent voir Aaron.

« Où est passé Moïse ? demandèrent-ils. Fais-nous un dieu qui nous guide. »

Aaron demanda qu'on lui apporte tout l'or que le peuple possédait, il le fondit et en fit un veau. Le peuple se mit à adorer le veau d'or.

Quand ils découvrirent que le peuple avait oublié si vite ses promesses, Dieu et Moïse entrèrent dans une grande colère. Moïse jeta par terre les tablettes en pierre – les Tables de la Loi – sur lesquelles Dieu avait gravé ses commandements. Elles se brisèrent en morceaux.

Moïse était fou de colère, mais aimait son peuple et il demanda à Dieu de lui donner une autre chance. Dieu fit de nouvelles Tables et, de nouveau, ils confirmèrent leur accord, leur « alliance » avec Dieu.

Pour leur montrer qu'Il était toujours avec eux, Dieu demanda que l'on fabrique une tente, dans laquelle serait entreposé un coffre en bois recouvert d'or. Cette arche contiendrait les Tables de la Loi.

Chacun s'empressa d'apporter le nécessaire pour fabriquer la tente – le tabernacle – , et les meilleurs artisans y travaillèrent. Elle était très belle, tapissée de toiles richement colorées.

Autour de la tente se trouvait un parvis, où les gens pouvaient offrir un agneau ou un chevreau pour se racheter de ce qu'ils avaient fait de mal. Dieu voulait leur rappeler qu'Il les aimait. Ils n'étaient pas parfaits, mais ils pouvaient venir s'excuser et rendre grâce à Dieu.

Quarante ans dans le désert

NOMBRES, 13-14, 17, 21

Du mont Sinaï, les fils d'Israël partirent pour Canaan. Parvenus à la frontière, ils choisirent douze d'entre eux pour partir en reconnaissance.

Quarante jours plus tard, les éclaireurs revinrent, rapportant des grappes de raisins, des figues et des grenades. « Canaan est un pays très fertile, dirent-ils, mais les villes sont de vraies forteresses. Si nous essayons de prendre ce pays, nous serons repoussés ! »

« Nous ferions mieux de retourner en Égypte ! » se lamentait le peuple. Josué et Caleb, deux des éclaireurs, protestèrent : « Nous devons avoir confiance en Dieu. Il nous protégera et nous donnera ce pays. » Mais personne n'écoutait.

Dieu était en colère. « Puisque vous ne voulez pas me croire, leur dit-il, vous allez errer dans le désert pendant quarante ans. Seuls Josué et Caleb entreront à Canaan. »

Cette idée ne dit rien qui vaille aux Israélites, qui décidèrent de s'attaquer aux Cananéens, mais ils furent battus à plate couture.

Les fils d'Israël étaient en colère et ils s'en prirent à Moïse. « Qu'est-ce qui vous donne le droit, à toi et à Aaron, de nous commander ? » demandaient-ils.

Moïse répondit : « Que chacune de nos douze tribus se choisisse un chef et grave son nom sur une branche d'amandier. Ce soir, les bâtons seront déposés dans la tente de Dieu. Dieu choisira celui qui conduira Son peuple. »

Le lendemain matin, seule la branche d'Aaron avait fleuri et produit des amandes. Il avait été élu.

Tout s'apaisa, mais quand Aaron mourut, des années après, les plaintes reprirent. « Pourquoi avoir quitté l'Égypte ? Ici, il n'y a rien à manger et à boire. Nous en avons assez de nous nourrir de la manne », gémissaient-ils.

Cette fois, Dieu envoya pour les punir des serpents venimeux, qui se répandirent dans le camp. Beaucoup de fils d'Israël furent mordus et moururent.

Les Israélites supplièrent Moïse. « Nous comprenons que nous avons eu tort de nous plaindre de Dieu. Demande-lui, s'il te plaît, de nous débarrasser de ces serpents. »

Moïse pria donc Dieu. « Fabrique un serpent de cuivre et fixe-le sur un poteau, dit Dieu. Quiconque sera mordu par un serpent n'aura qu'à regarder ce poteau pour être guéri. »

C'est ainsi que ceux qui crurent en Dieu se rétablirent.

Les murailles s'écroulèrent

JOSUÉ, 1-6

Enfin les quarante années à errer dans le désert prirent fin. Quand Moïse mourut, Dieu choisit Josué comme nouveau guide.

Depuis leur camp, de l'autre côté du Jourdain, Josué envoya deux espions à Jéricho.

Dans une maison adossée au mur d'enceinte vivait une femme nommée Rahab. Elle offrit l'hospitalité aux deux hommes pour la nuit. Mais le roi de Jéricho l'apprit et envoya ses soldats pour les arrêter. Rahab cacha les espions sur sa terrasse et elle répondit aux soldats qu'ils étaient repartis.

Rahab savait que Dieu allait donner Canaan aux Israélites. « Nous vivons dans la terreur, dit-elle. Promettez-moi de prendre soin de ma famille et de nous garder en vie quand vous prendrez la ville. »

« Nous te donnons notre parole si tu promets de ne dire à personne ce que nous faisions ici, dirent les deux hommes. Quand nous envahirons la ville, noue ce cordon rouge à ta fenêtre et, ainsi, nous reconnaîtrons ta maison. Rassemble alors toute ta famille, et nous veillerons à ce qu'elle soit épargnée. »

Rahab promit et fit s'enfuir les deux hommes par la fenêtre à l'aide d'une corde. Ils s'en retournèrent vers Josué.

Peu après, le peuple d'Israël se prépara à traverser le Jourdain pour prendre Jéricho. L'eau était très haute à cet endroit. Les prêtres marchaient devant, avec l'arche où se trouvaient les commandements de Dieu. Tandis qu'ils entraient dans la rivière, les rives s'effondrèrent en amont, endiguant l'eau. Devant Jéricho, les fils d'Israël purent ainsi traverser facilement le lit de la rivière.

Alors, les Israélites retirèrent douze pierres du lit de la rivière. Ils les entassèrent sur la rive, en mémoire de l'aide que Dieu leur avait apportée pour entrer dans Canaan.
Et la rivière se remit à couler.

Les Israélites établirent leur camp devant Jéricho et célébrèrent la pâque.

Les murs de Jéricho étaient hauts et épais, les portes de la ville hermétiquement fermées face aux Israélites. Personne n'entrait ni ne sortait. Alors, Dieu s'adressa à Josué : « Tous les jours, pendant six jours, tu défileras autour des fortifications. Sept prêtres marcheront devant. Suivront les hommes qui portent l'arche avec mes commandements. Les prêtres auront des trompettes en corne de bélier et ils en joueront tandis que vous défilerez. Tous les autres garderont le silence.

« Le septième jour, faites sept fois le tour de la ville. Alors, les prêtres sonneront une longue note sur leur trompette et le peuple criera très fort. Les murs de Jéricho s'écrouleront et la ville sera à vous. »

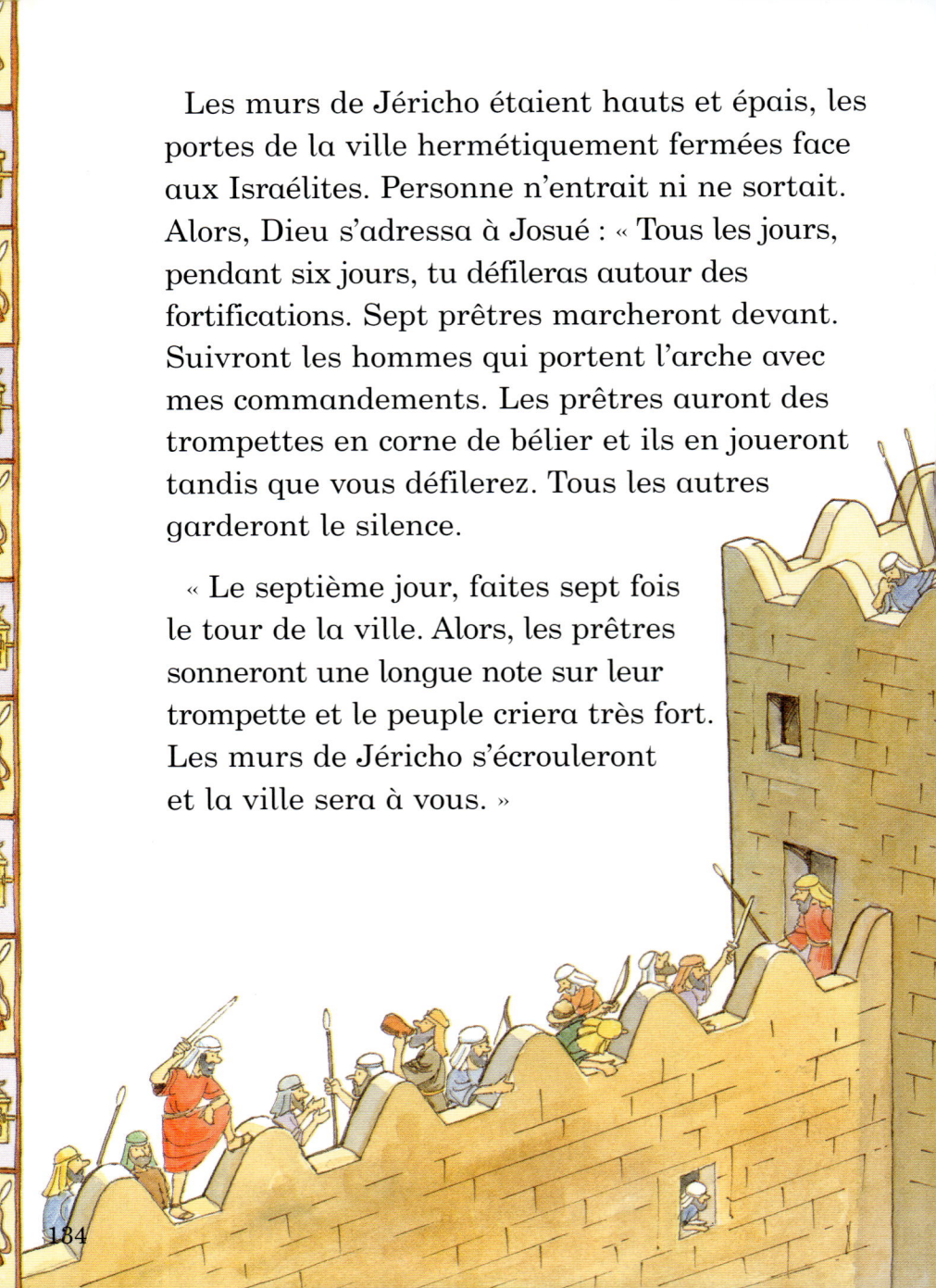

Ainsi, chaque jour, les Israélites vinrent tourner autour des remparts de Jéricho et, chaque nuit, ils rentraient au camp.

Le septième jour, ils défilèrent sept fois autour de la ville. La septième fois, quand les prêtres firent retentir les trompettes, Josué donna l'ordre au peuple de crier.

Les murailles s'écroulèrent et les fils d'Israël s'emparèrent de la ville. Seules Rahab et sa famille furent sauvées.

La ville fut incendiée et entièrement détruite par le feu. Ce fut la première victoire de Josué dans le pays de Canaan. Sous sa conduite, les fils d'Israël conquirent peu à peu la « Terre promise ».

Le secret de sa force

JUGES, 13-16

Beaucoup d'années passèrent. Mais après la mort de Josué, les fils d'Israël recommencèrent à oublier Dieu. Pour les punir, Dieu livra Son peuple pendant quarante ans à la domination des Philistins.

Un jour, Dieu envoya un ange à un homme qui s'appelait Manoah pour lui dire que sa femme et lui auraient un fils, et que celui-ci protégerait les Israélites de leurs ennemis.

Le garçon vint au monde. On le nomma Samson. Pour montrer que Samson appartenait à Dieu, ses parents ne coupèrent jamais ses cheveux.

Samson devint très fort. Une fois, il tua même un lion, à mains nues...

L'occasion leur fut offerte quand Samson tomba amoureux d'une belle Philistine nommée Dalila. Les cinq rois philistins vinrent la trouver : « Nous te donnerons chacun onze cents pièces d'argent si tu obtiens que Samson te confie le secret de sa force », lui dirent-ils. Dalila accepta le marché.

Mais à chaque fois que Dalila demandait à Samson le secret de sa force, il racontait une histoire différente. « Si on m'attachait avec des cordes d'arc, je serais aussi faible que n'importe qui », dit-il. Puis : « Qu'on prenne une corde neuve pour me ligoter… qu'on me fasse des tresses avec le métier à tisser… »

Dalila essaya mais Samson était toujours aussi fort. Elle le harcela : « Si tu ne me dis pas la vérité, c'est que tu ne m'aimes pas. »

À la fin, Samson céda. « Mes cheveux sont le signe que j'appartiens à Dieu. On me les coupe et je perds toute ma force. »

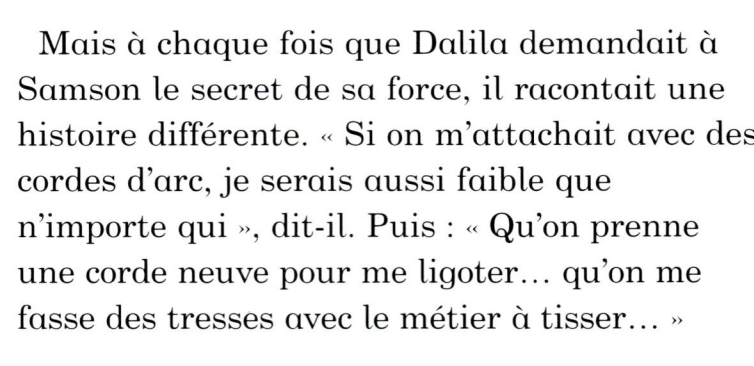

La nuit même, dès que Samson dormit à poings fermés, Dalila fit venir un homme qui rasa Samson. Puis les Philistins le firent prisonnier.

On lui creva les yeux, on lui mit des chaînes et on l'enferma dans une prison à Gaza, où il travailla dur.

Mais lentement les cheveux de Samson repoussaient… Un jour, les Philistins firent une fête en l'honneur de leur dieu, Dagôn. Ils avaient tiré Samson de sa prison pour l'amener au temple. Ils étaient des milliers, qui le huaient et se moquaient de lui.

Samson pria Dieu de le rendre fort. Il tendit ses muscles et poussa de toutes ses forces les deux colonnes qui soutenaient l'édifice. Le temple s'écroula et tous ceux qui s'y trouvaient périrent. Ce fut le dernier exploit de Samson contre les ennemis d'Israël. Il avait été à la tête de son peuple pendant vingt ans.

Ton Dieu sera mon Dieu

RUTH, 1-4

Plusieurs années après, il y eut une famine dans le pays d'Israël. Un homme vint de Bethléem avec sa femme, Noémi, et ses deux fils pour vivre au pays de Moab.

Malheureusement, le père mourut bientôt. Ses deux fils grandirent et se marièrent mais, dix ans plus tard, tous deux moururent.

Noémi, se sentant isolée, décida de rentrer dans son pays. Ses brus, Orpa et Ruth, l'accompagnèrent. « Rentrez chez vous », leur dit Noémi.

Orpa accepta, mais Ruth dit : « Je viens avec toi. Où tu iras, j'irai, ton peuple sera mon peuple, ton Dieu sera mon Dieu. »

Noémi et Ruth finirent par arriver à Bethléem à l'époque des moissons. Elles étaient très pauvres et, chaque jour, Ruth glanait derrière les moissonneurs les épis tombés à terre. Elle échangeait ensuite le blé contre un peu d'argent. Les journées étaient longues et le travail épuisant.

Sans le savoir, elle avait choisi le champ d'un parent de Noémi, un homme très riche nommé Booz. Quand il vint inspecter la moisson, il remarqua Ruth et se renseigna à son propos. Apprenant qu'elle était parente de Noémi, il lui dit qu'elle serait toujours la bienvenue pour travailler dans son champ.

Quand Ruth le lui raconta, cela fit un grand plaisir à Noémi. Elle souhaitait trouver à Ruth un mari et elle savait que Booz était un homme bien. En Israël, à cette époque, le parent le plus proche s'occupait de la famille de l'homme qui venait à mourir. Noémi revendiquait ce droit, c'est pourquoi elle chercha à savoir si Booz épouserait Ruth.

Booz accepta, ce qui remplit Noémi de bonheur. Ruth et Booz eurent un fils.

C'est ainsi que Ruth, qui avait mis sa confiance dans le Dieu d'Israël et qui avait aidé et aimé sa belle-mère, allait devenir l'arrière-grand-mère du plus glorieux des rois d'Israël – David.

Il nous faut un roi

I SAMUEL, 1, 8-10, 15-16

Près de Jérusalem vivait une femme nommée Anne. Elle n'avait pas d'enfant, ce qui la rendait très triste. Un jour, tandis qu'elle priait Dieu en silence, elle ne prit pas garde que ses lèvres remuaient et prononçaient les mots sans un son.

Éli, le prêtre, la regardait, et voyant ses lèvres bouger sans que le moindre mot n'en sorte, il crut qu'elle était ivre. Quand Anne lui expliqua, Éli répondit : « Que Dieu t'accorde le fils dont tu rêves… »

Avec le temps, Dieu donna en effet un fils à Anne, nommé Samuel. Lorsqu'il fut plus grand, Anne ramena l'enfant à Éli. « Voici le fils que Dieu m'a donné, dit-elle. À mon tour, je l'offre à Dieu. » Et Samuel grandit dans l'amour et l'obéissance envers Dieu.

Puis, Dieu choisit Samuel pour prendre la tête des Israélites. Samuel était un homme bon et doux, qui aimait Dieu et le mode de vie simple et honnête de son peuple. Il avait deux fils, qui n'étaient pas comme lui. L'argent seul les intéressait. Les Israélites ne voulaient ni de l'un ni de l'autre si Samuel venait à mourir, c'est pourquoi ils demandèrent à Samuel qu'il leur désigne un roi, comme dans les autres nations.

Samuel ne savait quoi faire. Dieu était le seul vrai guide, aussi Lui demanda-t-il conseil dans ses prières.

Dieu dit à Samuel d'expliquer à son peuple à quoi ressemblerait un roi. « Il prendra vos fils pour qu'ils se battent dans ses armées, dit Samuel. Il vous contraindra à cultiver la terre pour son compte et il prendra le meilleur de vos récoltes. Vous serez bientôt ses esclaves. »

Mais le peuple s'entêtait.

Quand Samuel informa Dieu que ses paroles n'avaient pas fait changer d'avis aux Israélites, Dieu répondit : « Fais ce qu'ils te demandent, donne-leur un roi. »

Un jour, Samuel rencontra un homme de belle stature, et beau – Saül. Dieu avait averti Samuel de l'endroit et du moment où il rencontrerait le futur roi d'Israël, de sorte qu'il ne fut pas surpris quand il entendit Dieu lui dire : « Voici l'homme qui sera le chef de mon peuple. »

Le lendemain à l'aube, selon la tradition, Samuel versa de l'huile sur la tête de Saül, comme signe qu'il avait été élu.

Au début, Saül fut un bon roi, populaire. Sous ses ordres, son peuple remporta de nombreuses batailles, mais il devint fier. Il se préoccupa de lui plus que de Dieu. Dieu dit à Samuel qu'il était temps de trouver un nouveau roi.

Dieu dit à Samuel d'aller à Bethléem, car Il avait choisi l'un des fils de Jessé pour succéder à Saül. Quand Samuel arriva, il invita Jessé et ses fils à assister à un sacrifice fait à Dieu. Il s'adressa à chacun des fils, tour à tour. À chaque fois, Samuel se disait : « Ce beau jeune homme doit être celui qui a été élu. » Mais, à chaque fois, Dieu disait : « Non ! »

« Ce qui compte, ce n'est pas l'apparence, dit Dieu, mais ce qui est à l'intérieur de l'être humain. »

Après que Samuel eut renvoyé sept des fils de Jessé, il demanda s'il y en avait d'autres. Jessé répondit que le plus jeune, David, était en train de garder les moutons. Samuel dit à Jessé d'aller le chercher. Quand David entra, Dieu s'adressa à Samuel : « C'est lui ! »

Alors, Samuel consacra David en lui versant de l'huile sur la tête, et dès lors David sentit qu'à tout moment Dieu était avec lui.

Le champion d'Israël

I SAMUEL, 16-17

David continua à surveiller les brebis de son père. Chaque jour, il grandissait en sagesse et en force. Il devait être habile et fort pour éloigner les bêtes sauvages, qui attaquaient souvent le troupeau. David apprit à se servir d'un lance-pierre, pour faire fuir les ours et les lions. Il devint bientôt d'une grande habileté dans le maniement de la fronde.

Pour passer le temps, David s'entraînait aussi à jouer de la lyre et, très vite, il y excella. La renommée de ses talents se répandit à travers tout le pays.

Pendant ce temps, Samuel cessa de rendre visite à Saül dans son palais et le roi se sentait abandonné de Dieu. Il était sombre et tourmenté par un esprit mauvais.

L'un des serviteurs de Saül suggéra que le son de la lyre pourrait apaiser le roi.

On fit chercher David et, de fait, dès que David jouait, la musique calmait Saül. Quand le roi se sentirait mieux, David rentrerait chez lui.

C'est alors que la nouvelle se répandit que les Philistins avaient établi leur camp sur l'un des versants de la vallée du Térébinthe. Seul un mince ruisseau les séparait de l'armée israélite, sur l'autre rive.

Les Philistins avaient dans leurs rangs un champion redoutable – Goliath – de près de trois mètres de haut et plus puissant qu'un bœuf. Il faisait étalage de sa force, sans cesse, et se moquait des Israélites.

« Où est le champion d'Israël ? criait-il. Envoyez-le moi ! S'il me tue, nous deviendrons vos esclaves. Si je le tue, c'est vous qui serez les nôtres. » Mais personne ne voulait affronter Goliath. Ils avaient tous bien trop peur.

David avait trois de ses frères dans l'armée de Saül. Un jour, alors qu'il leur apportait de la nourriture, il entendit les provocations de Goliath résonner dans la vallée.

« Qui est-il pour oser défier l'armée du Dieu vivant ? dit David. Je vais aller me battre avec lui. »

Les soldats regardaient l'enfant et riaient. Mais quand Saül le sut, il envoya chercher David.

« Je me suis battu avec les ours et les lions pour défendre les brebis de mon père, lui dit David. Dieu m'a protégé et il continuera. »

Saül finit par accepter. Il donna à David sa propre armure et son épée. Mais l'armure était si grande et si lourde que David ne pouvait pas faire un geste. Alors, il se défit de toutes ces armes et attrapa sa fronde. Il ramassa cinq cailloux bien lisses dans le torrent et s'avança au-devant du géant.

Lorsque Goliath le vit s'approcher, il éclata de rire. « C'est lui votre champion ? » lança-t-il en ricanant aux Israélites.

« Je viens à ta rencontre au nom du Dieu d'Israël, dit David, avec sang-froid. Il te livrera entre mes mains. »

Il tira une pierre de son sac, la mit dans sa fronde et visa. La pierre fendit l'air en direction de Goliath et le toucha au front avec une telle force qu'elle lui brisa le crâne. Le géant s'écroula, face contre terre.

Quand les Philistins virent leur héros frappé à mort, ils prirent la fuite dans les montagnes. Les Israélites les poursuivirent. Le pays des Philistins était à eux !

Un chef remarquable

II SAMUEL, 1-6, 11-19 ; I ROIS, 1

Les années passèrent et, après la mort de Saül, David devint roi d'Israël, mais des temps difficiles l'attendaient. Les partisans de Saül attaquaient David, et les Philistins guettaient toujours une opportunité pour reprendre le pays. David rêvait de conquérir Jérusalem afin d'y apporter l'arche dans laquelle se trouvaient les lois de Dieu.

Quelle fête ils firent quand, enfin, David prit d'assaut la cité et s'empara d'elle ! On joua de la musique, on dansa, on offrit des banquets et des cadeaux – David venait de faire de Jérusalem la cité de Dieu.

David était un chef exceptionnel, aimé de son peuple et fidèle à Dieu. Il n'était pourtant pas parfait. Il s'éprit de Bethsabée, bien qu'elle fût déjà mariée. David s'arrangea pour que son mari soit tué au cours d'une bataille. Dieu vit ce qu'avait fait David et il chargea le prophète Nathan d'aller lui parler. David supplia Dieu de lui pardonner et Dieu vit que David regrettait sincèrement ce qu'il avait fait.

« Tu resteras roi, lui dit Dieu, mais la mission de construire mon temple, j'en chargerai ton fils, Salomon. »

Seul et vexé, le roi David commença à tracer des plans du temple et à écrire de la musique qu'on y jouerait pour chanter les louanges de Dieu.

Quelque temps plus tard, David épousa Bethsabée et son royaume resta puissant, même si les ennuis n'étaient jamais bien loin.

Absalom, l'un des fils de David, était beau et admiré – et il voulait être roi. Il complota pour prendre le trône de son père et il marcha sur Jérusalem.

Dans un premier temps, le roi David prit la fuite, mais il rassembla bientôt ses troupes et il engagea le combat contre son fils. L'armée de David battit Absalom, qui tenta de s'enfuir mais fut pris par des soldats de David. Ils ignoraient que David avait donné l'ordre de l'épargner, et ils le tuèrent.

Le roi était accablé par la douleur.

« Oh, mon fils, mon fils, gémissait-il, j'aurais voulu mourir à ta place ! »

Absalom mort, le deuxième fils de David, Adoniyya, revendiqua le trône. Mais le roi David dit que ce serait Salomon qui lui succéderait.

David dit à Sadoq le prêtre, à Nathan le prophète et à Benayahou de conduire Salomon à Gihôn et de le sacrer roi.

Le plus sage parmi les hommes

I ROIS, 1-4, 10

De grandes festivités furent données quand Salomon devint roi.

Avant de mourir, le roi David s'adressa à Salomon. « Sois un roi énergique. Mets ta confiance en Dieu et respecte Ses commandements. Alors Dieu tiendra la promesse qu'il m'a faite que mes descendants seront à la tête de cette nation. »

Aussitôt, le roi Salomon parvint à exclure les vieux ennemis de son père et à établir de nouvelles circonscriptions dans son royaume.

Salomon régna sur le royaume d'Israël pendant de nombreuses années et il aima Dieu. Il allait devenir l'un des rois les plus renommés d'Israël. Et le peuple de Dieu put connaître une période de paix.

Une nuit, Dieu apparut en rêve devant Salomon.
« Qu'est-ce que tu aimerais que je te donne ? » demanda Dieu.

« Je suis très jeune pour régner sur tant de gens, répondit Salomon. Donne-moi, je t'en prie, la sagesse nécessaire pur prendre les bonnes décisions. » Dieu était très satisfait car Salomon n'avait rien demandé pour lui-même.

Je vais te donner un cœur plus sage et plus intelligent qu'à tout autre avant toi.

Dieu tint sa promesse. Salomon devint le plus sage parmi les hommes. Mais jamais il n'oubliait que sa sagesse lui venait de Dieu.

Un jour, Salomon eut à juger qui était vraiment la mère d'un nouveau-né. Salomon réfléchit et proposa que l'on coupe l'enfant en deux. La fausse mère accepta. Mais la vraie mère dit : « Non ! » Dans sa sagesse, le roi sut aussitôt laquelle était vraiment la mère.

Des histoires comme celle-là sur la sagesse de Salomon circulaient dans tout le pays. Elles parvinrent jusqu'au pays de Saba.

Quand la reine de ce pays entendit parler de Salomon, elle décida d'éprouver elle-même sa sagesse.

Elle imagina une liste d'énigmes très difficiles. Puis, chargée de pierres précieuses, d'or et d'épices, elle se mit en route pour Jérusalem. Elle fit grande impression quand elle pénétra dans la cité !

La reine posa à Salomon toutes ses questions, auxquelles il répondit avec une grande aisance. « Je mesure, dit-elle, que Dieu a donné à Son peuple un roi d'une grande sagesse, car Il aime Israël. »

Puis la reine s'en retourna à Saba.

Un temple somptueux

I ROIS, 5-8

Durant la quatrième année de son règne, Salomon commença à faire construire un temple magnifique destiné à honorer Dieu.

Pour les fondations et les murs, on se servit de grandes et belles pierres ainsi que de bois de cèdre.

Puisqu'il avait besoin de grandes quantités de cèdre et que les plus beaux cèdres poussaient à Tyr, Salomon conclut un marché avec Hiram, le roi de ce pays. Une fois coupé, le bois était assemblé en trains de flottage et acheminé le long de la côte jusqu'à proximité du chantier. En échange, Salomon fournissait à Tyr du blé et de l'huile d'olive.

Le temple promettait d'être un endroit magnifique dans lequel l'arche de Dieu, contenant les Tables de la Loi, serait conservée.

Le temple achevé était étonnant. À l'arrière, se trouvait une pièce entièrement fermée, sans fenêtres, dont le sol et les murs étaient recouverts d'or. La pièce devait accueillir l'arche contenant les Tables de la Loi. Elle était décorée de sculptures de chérubins, de palmiers et de fleurs également recouvertes d'or.

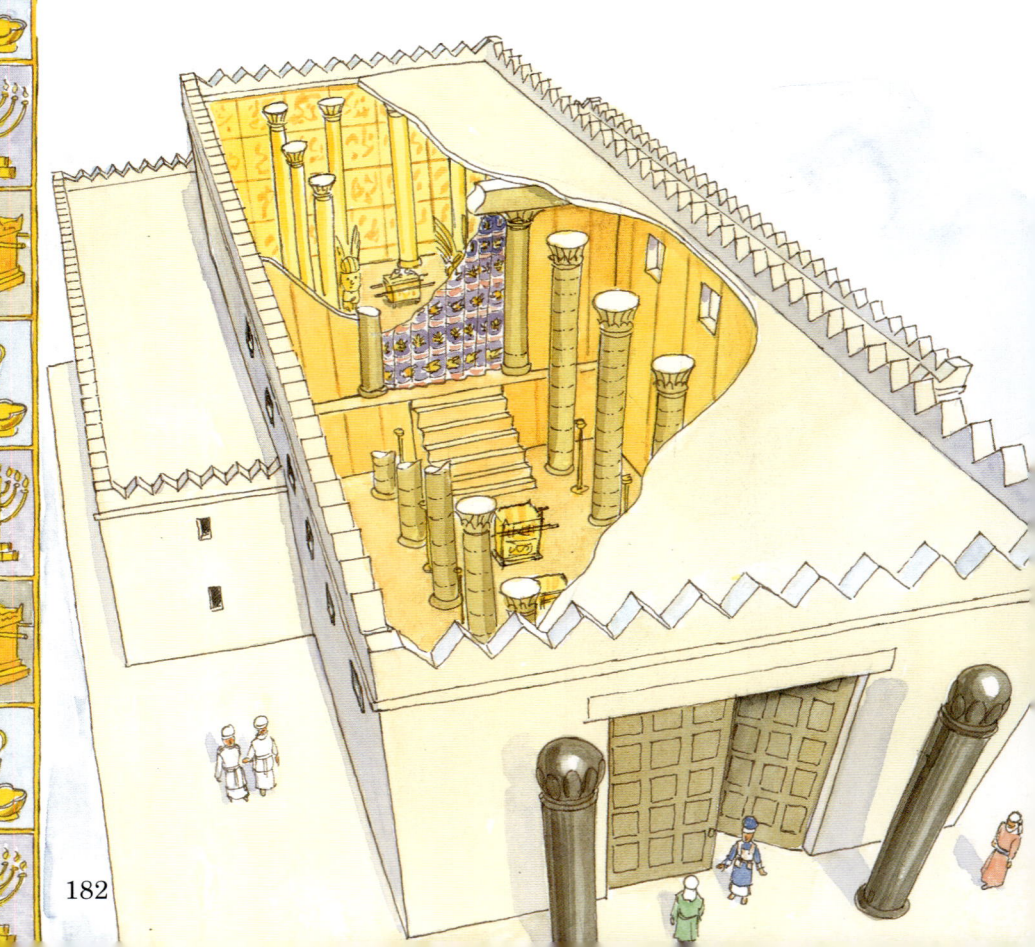

La pièce qui donnait sur l'extérieur comprenait un autel en or et dix candélabres d'or. Les autres meubles étaient en or, y compris les tables, les coupes, les bols et même les chaudrons dans lesquels on apportait le charbon. Le temple était ce que le roi Salomon avait conçu de plus beau et il contenait le meilleur de toutes choses.

À l'extérieur se trouvaient des cours, dans lesquelles le peuple pouvait faire ses offrandes à Dieu.

Des milliers d'hommes avaient travaillé à la construction du temple, pendant sept ans.

Salomon décida de faire une cérémonie exceptionnelle. Les prêtres firent des offrandes et l'arche contenant les Tables de la Loi fut portée à l'intérieur du temple. C'est alors que le temple fut empli d'une lumière aveuglante – la présence de Dieu. Le roi Salomon pria : « Seigneur, Dieu d'Israël, écoute les prières de Ton peuple. Entends-le depuis ta demeure céleste et veille toujours sur lui. »

Alors, Salomon s'adressa à son peuple :
« Soyez fidèles à Dieu et observez ses commandements. »

Après la cérémonie de dédicace du temple, il y eut une grande fête. Les cérémonies durèrent pendant une semaine entière.

Israël sera repris

I ROIS, 11

Sous le règne de Salomon, Israël prospéra. De beaux bâtiments et de grandes villes virent le jour. Mais, pour financer les bâtiments, chacun devait payer des impôts et travailler pour le roi, dans son exploitation personnelle.

Salomon épousa de nombreuses princesses étrangères, qui vénéraient leurs propres dieux. Cela contribuait à la paix entre les pays et favorisait le commerce, mais c'était également source de problèmes.

Au fil des années, Salomon se laissa convaincre par ses femmes de rendre des cultes à ces dieux étrangers. Il ne resta pas fidèle à Dieu, comme son père l'avait été.

Dieu dit à Salomon : « Le royaume d'Israël sera repris des mains de ton fils, puisque tu n'as pas suivi mes commandements. »

Et c'est ce qui arriva.

Le vrai Dieu

I ROIS, 12, 16-19

Après la mort de Salomon, Israël fut partagé en deux. Au sud, le pays de Juda se rallia à Roboam, le fils de Salomon. Dans le nord, le peuple suivit Jéroboam, le fils de Nebat.

Aucun des rois qui succédèrent à Jéroboam ne fut fidèle à Dieu. L'un des rois, Achab, épousa une femme nommée Jézabel et se mit à adorer son dieu, Baal. La reine Jézabel avait fait tuer de nombreux prophètes restés fidèles à Dieu. Mais un prophète, Élie, prit la parole en faveur du Seigneur.

Un jour, Élie apporta un message au roi Achab : il ne pleuvrait plus sur Israël tant que Dieu en aurait décidé ainsi.

Après qu'Élie eut donné son message, Dieu lui dit de passer sur l'autre rive du Jourdain ; il y serait en sécurité.

Durant trois années, Élie resta éloigné et Dieu veilla sur lui, lui faisant apporter à manger par des corbeaux et lui indiquant où il trouverait des gens pour l'accueillir. Et pendant tout ce temps, il ne tomba pas une seule goutte d'eau.

Un jour, Dieu dit à Élie de retourner devant Achab.

« Pourquoi es-tu revenu, fauteur de troubles ? » demanda le roi.

« Tu as désobéi à Dieu, répondit Élie. Envoie à moi, sur le mont Carmel, tout ton peuple ainsi que les prophètes de Baal. »

Achab fit selon les recommandations d'Élie, et lorsque tout le monde fut là, Élie dit : « Le moment est venu de savoir qui est le vrai Dieu. »

Alors, Élie lança un défi aux prophètes de Baal. « Sacrifiez un taureau à Baal et j'en offrirai un à Dieu. Le vrai Dieu sera celui qui enverra le feu du ciel et projettera la lumière sur l'autel. »

Les prêtres de Baal fabriquèrent leur autel et disposèrent le taureau dessus. Ils invoquèrent leur dieu toute une journée, mais le silence subsista et rien n'arriva.

Élie construisit son autel, avec une rigole tout autour, qu'il fit remplir d'eau. Il fit disposer le taureau sur le bois du bûcher et le fit asperger d'eau. Élie se mit alors à prier. Dieu fit descendre le feu et, bien que tout fût trempé, l'autel fut dévoré par les flammes.

Le peuple s'écria : « Le Seigneur est le vrai Dieu ! »

Élie demanda à Dieu d'envoyer la pluie. Le ciel s'obscurcit, un vent violent se mit à souffler et il plut de nouveau. C'était un jour merveilleux pour Élie. Mais la reine Jézabel jura qu'elle tuerait le prophète pour se venger de ce qu'il venait de faire.

Élie eut vent des projets de la reine et il prit la fuite.

Il parcourut un long chemin pour arriver enfin au mont Sinaï. Soudain, il entendit la voix de Dieu lui demander pourquoi il était là.

« Les gens d'Israël ont tué tous tes prophètes. Je suis le seul survivant, expliqua Élie, et maintenant c'est moi qu'ils veulent tuer ! »

« Retourne d'où tu viens, répondit Dieu, car il reste beaucoup à faire. »

Le prophète Isaïe

ISAÏE, 9, 11

Plus d'un siècle après la mort d'Élie, le nord du pays d'Israël tomba aux mains des Assyriens et le peuple fut envoyé en exil.

Le royaume de Juda au sud vivait également sous la menace de l'Assyrie, mais Dieu envoya le prophète Isaïe pour aider le roi Ézéchias à sauver Jérusalem. La cité fut mise hors de danger pour un temps, mais Isaïe avertit le roi : « Souviens-toi que Jérusalem ne tombera pas, si tu respectes les lois de Dieu. »

Isaïe donna encore au peuple un dernier message d'espoir : « Un enfant nous est né, un fils, et l'empire repose sur ses épaules, dit Isaïe. On l'appellera le Dieu tout-puissant, le Père éternel, le Prince de la paix. Ni son règne, ni la paix, n'auront de fin. »

Tout ce que dit Isaïe se réalisa.

Jeté aux lions

DANIEL, 1, 6

Des années et des années plus tard, le peuple de Dieu continuait à désobéir. C'est pourquoi le Seigneur permit que le roi de Babylone, Nabuchodonosor, mette le pays de Juda sous sa domination.

Le roi fit de nombreux prisonniers. Parmi eux, un groupe de jeunes gens de Jérusalem dans lequel se trouvait Daniel.

Le roi ordonna à son chef de maison de prendre les hommes d'origine noble afin de les éduquer à servir dans la cour du roi.

Ils étudièrent la littérature et apprirent la langue des Babyloniens. Au fil des années, Daniel acquit une grande sagesse.

Une année, les Perses s'emparèrent de Babylone et leur chef, Darius, devint roi.

Darius fit de Daniel l'un de ses principaux conseillers. Mais les autres conseillers du roi en conçurent de la jalousie et ils se mirent à comploter contre lui.

Quand ils découvrirent qu'il priait Dieu chaque jour, ils dirent : « Si nous voulons mettre Daniel en difficulté, il faut que cela ait un rapport avec sa religion. »

Les conseillers persuadèrent le roi de rédiger une nouvelle loi, qui interdisait à toute personne, pendant trente jours, de demander quoi que ce soit à un dieu ou à un être humain autre que le roi lui-même. Quiconque transgresserait la loi serait jeté aux lions.

Daniel eut connaissance de la loi mais continua à prier trois fois par jour. Il ne s'en cacha pas. Ses ennemis étaient ravis car leur plan avait marché. Ils s'empressèrent d'aller trouver le roi.

Que pouvait faire le roi ? Daniel avait enfreint la loi. Le roi était embarrassé. Il aimait Daniel, mais il ne pouvait le sauver. Aussi, au coucher du soleil, Daniel fut-il jeté dans une fosse profonde, pleine de lions affamés.

Ce soir-là, le roi ne put rien manger.

Il ne voulut pas écouter de musique.

Il ne trouva pas le sommeil.

Il marcha de long en large.

Dès l'aube,
il se rendit à la fosse aux lions.

Le roi ne pouvait espérer trouver Daniel en vie. Il cria pourtant en se penchant sur la fosse : « Ton Dieu a-t-il pu te sauver des lions ? »

Darius s'attendait à un profond silence. Mais il entendit Daniel répondre : « Oui, Majesté, Dieu savait que j'étais innocent et il m'a protégé. Je n'ai rien fait de mal non plus à ton égard. »

Darius fut stupéfait. Il donna l'ordre qu'on libère Daniel et que l'on jette aux lions, à sa place, ceux qui l'avaient accusé.

Le roi édicta une nouvelle loi. « Que chacun dans mon royaume craigne et respecte le Dieu de Daniel, car il est le seul vrai Dieu, le Dieu vivant. »

Un poisson énorme

JONAS, 1-4

Être le messager de Dieu se révélait souvent dangereux et impopulaire, et tous les prophètes n'étaient pas disposés à répondre « Oui » à l'appel de Dieu. Jonas comptait parmi ces prophètes réticents.

Un jour, Dieu dit à Jonas de se rendre à Ninive, la capitale de l'Assyrie. Les Assyriens étaient les ennemis du peuple de Dieu. « Dis aux Assyriens que, dans quarante jours, Ninive sera détruite, dit Dieu. Je connais leur méchanceté, il faut que cela cesse ! »

« Je vais avoir l'air stupide, se dit Jonas, Dieu est amour et miséricorde. Jamais Il ne détruira Ninive. »

Jonas se rendit donc, non à Ninive, mais à Joppé, où il embarqua sur un navire qui partait pour l'Espagne.

Dieu était en colère que Jonas ne fasse pas ce qu'Il lui avait demandé. Dès que le bateau fut en mer, Dieu envoya une grosse tempête. Tout le monde eut peur que le bateau ne se brise.

« Que chacun prie son dieu ! » criaient les marins.

Pendant ce temps, Jonas dormait à poings fermés sous le pont. Le capitaine le réveilla et lui dit de prier comme les autres. Jonas refusa.

Comme la tempête empirait et que le bateau tanguait dangereusement, Jonas dit à l'équipage : « C'est de ma faute si vous essuyez cette tempête. Jetez-moi à la mer et la tempête s'arrêtera. »

Le capitaine refusa. Mais la mer devenant plus terrible encore, il jeta Jonas par-dessus bord à contre-cœur. Et la tempête cessa.

Jonas était persuadé qu'il allait se noyer et, tandis qu'il coulait au fond de l'océan, il appela au secours.

Dieu entendit son appel et Il envoya un poisson énorme qui l'avala vivant.

Pendant trois jours, Jonas vécut à l'intérieur du ventre sombre du poisson. Il se repentait d'avoir désobéi à Dieu, et il le Lui dit dans ses prières. Dieu écouta Jonas et, lorsqu'Il fut convaincu par ses regrets, Il commanda au poisson de recracher Jonas sur la terre ferme.

Dieu répéta à Jonas de porter son message à Ninive. Jonas y courut sur-le-champ.

Les habitants de Ninive écoutèrent Jonas et changèrent aussitôt leur mode de vie. Dieu constata qu'ils s'étaient débarrassés de leurs mauvaises habitude et ne détruisit pas la ville.

« C'est exactement ce que j'avais dit que tu ferais, se plaignit Jonas devant Dieu. Alors, maintenant, laisse-moi mourir. » Il s'assit à l'extérieur de la ville, sous le soleil brûlant.

Mais Dieu fit pousser une plante à larges feuilles pour apporter de l'ombre à Jonas.

Jonas alla mieux. Mais le lendemain, la plante mourut et le soleil tapa de nouveau.

« Quel malheur que la plante soit morte ! J'étais heureux qu'elle soit là », dit Jonas.

« Tu n'as pas fait pousser cette plante et voilà que tu la regrettes, dit Dieu. Alors, imagine mes sentiments pour Ninive – les petits enfants, les bêtes – c'est moi qui leur ai donné la vie ! » Jonas comprit enfin combien Dieu pouvait aimer le monde qu'Il a créé. »

Le Roi de la Paix

MICHÉE, 5

De très nombreuses fois, les fils d'Israël oublièrent les lois de Dieu et les prophètes les avertirent des malheurs qui s'ensuivraient. Certains prophètes parlèrent aussi des projets merveilleux de Dieu pour son peuple.

Le prophète Michée parla de cette promesse de Dieu : de la petite ville de Bethléem viendra celui qui gouvernera Israël.

Il gouvernera son peuple par la majesté de Dieu, dit Michée. Et il ne sera pas célébré qu'en Israël, c'est sur la terre entière que sa grandeur sera reconnue.

Il sera le Roi de la Paix.

Michée faisait allusion à Jésus, dont l'histoire est racontée dans le Nouveau Testament.

LE NOUVEAU TESTAMENT

L'ange messager

LUC, 1

À Nazareth, une petite ville de Galilée, au nord d'Israël, vivait une jeune fille nommée Marie. Elle était fiancée à Joseph, qui était un descendant du roi David. Joseph était le charpentier de la ville.

Un jour, occupée à ses tâches quotidiennes, elle vit qu'un étranger la regardait.

« Je suis Gabriel, lui dit l'étranger. La paix soit avec toi. Le Seigneur Dieu m'a envoyé à toi pour te transmettre un message. Il t'a bénie entre toutes les femmes. »

Marie fixait l'ange messager. Elle se demandait vraiment ce qu'il pouvait bien avoir à lui dire.

Gabriel voyait bien que Marie avait peur.

« N'aie crainte, Marie, dit-il. Dieu t'aime beaucoup. Il t'a choisie parmi toutes les autres pour être la mère du roi qu'Il a promis.
Tu auras un enfant, qui sera le fils de Dieu Lui-même. Tu l'appelleras Jésus. »

Mais Marie ne comprenait pas.

« Comment cela se peut-il ? » demanda-t-elle.

« L'Esprit Saint descendra sur toi et la puissance de Dieu sera en toi. Dieu veillera à tout, lui dit Gabriel. « Tu te souviens que ta cousine Élizabeth pensait ne jamais avoir d'enfant ? Elle attend un bébé, elle aussi. Dieu peut tout, si tu as confiance en Lui. »

Marie sut alors qu'elle n'avait plus besoin de poser de questions. Il lui fallait seulement avoir confiance en Dieu.

« Je suis la servante du Seigneur, dit-elle. Je ferai ce qu'Il décidera. »

Élue

MATTHIEU, 1

Quand Joseph s'aperçut que Marie attendait un enfant, il en fut bouleversé. C'était un homme juste et il ne voulait pas répudier Marie aux yeux de tous. C'est pourquoi il décida de rompre simplement leurs fiançailles.

Avant qu'il ne le fasse, Joseph eut un rêve au cours duquel un ange de Dieu s'adressa à lui. « Ne romps pas tes fiançailles avec Marie, dit-il à Joseph, Elle a été choisie pour être la mère du fils de Dieu. Vous appellerez votre enfant Jésus. Il grandira et sauvera le monde de ses péchés. »

Quand Joseph se réveilla, il savait ce qu'il devait faire. Il épouserait Marie et s'occuperait de l'enfant, comme l'ange lui avait dit de le faire.

La petite ville de Bethléem

LUC, 2

Peu après, un ordre fut proclamé dans tout l'Empire romain par l'empereur Auguste. Il voulait s'assurer que tous les habitants payaient bien l'impôt.

La seule méthode consistait à faire revenir chaque habitant dans la ville d'origine de sa famille afin d'enregistrer son nom.

Comme la famille de Joseph était originaire d'une ville appelée Bethléem, en Judée, Marie et lui n'eurent pas d'autre choix que de s'y rendre. Ils partirent pour un long trajet, Marie voyageant assise sur leur âne.

L'enfant de Marie allait naître d'une heure à l'autre et Marie était à bout de forces. Après plusieurs jours et plusieurs nuits, ils atteignirent enfin la petite ville de Bethléem.

La ville était bruyante et envahie par tous ceux qui étaient venus se faire recenser. Marie et Joseph cherchèrent un endroit où se loger.

Mais les auberges étaient combles et il n'y avait plus de place pour eux. Marie paraissait si fatiguée que, dans une auberge, le patron offrit son étable à Joseph.

L'étable était pleine d'animaux, elle était sale et sentait fort, mais au moins Marie pouvait-elle s'y reposer.

Marie mit au monde son enfant cette nuit-là. Elle l'enveloppa chaudement dans des bandelettes de tissu et elle le coucha dans une mangeoire.

Les bergers

LUC, 2

Sur les collines qui dominent Bethléem, des bergers surveillaient leurs troupeaux.

Soudain, il y eut une lueur aveuglante au-dessus d'eux. Les bergers furent saisis de frayeur. Il leur fallut se protéger les yeux. Qu'est-ce que cela pouvait bien être ?

C'est alors que l'ange du Seigneur apparut et s'adressa aux bergers.

N'ayez crainte, dit l'ange. Je viens à vous avec de bonnes nouvelles, qui seront source d'une grande joie pour tout le peuple. Le roi promis par Dieu, votre Sauveur, est né aujourd'hui à Bethléem. Allez voir l'enfant. Vous le trouverez endormi, couché dans une mangeoire. »

Et soudain une multitude d'anges apparut dans le ciel, chantant : « Dieu soit loué ! Paix sur terre à tous les hommes ! »

Les anges disparurent et le ciel redevint noir.
Les bergers savaient qu'il leur fallait vite
partir pour Bethléem voir le nouveau-né.
Ils mirent leurs brebis en sécurité et se mirent
en route.

À Bethléem, ils trouvèrent Marie, Joseph et
leur enfant. Il dormait dans une mangeoire,
exactement comme l'ange l'avait dit.

Les bergers répétèrent à Marie et Joseph tout ce que l'ange leur avait dit. Ils s'en retournèrent ensuite vers leurs pâturages. Sur le chemin du retour, ils entonnèrent des chants louant Dieu. Ils n'oublieraient jamais cette nuit-là.

Les trois mages

MATTHIEU, 2

Loin, en Orient, des mages, qui étudiaient les cieux, avaient remarqué une étoile inhabituelle. Ils savaient que ce signe était important et ils décidèrent de suivre l'étoile pour savoir où elle les conduirait. Ils voyagèrent plusieurs jours et plusieurs nuits et parvinrent enfin à Jérusalem.

« Où est le roi des Juifs, qui vient de naître ? demandèrent-ils. Nous avons vu son étoile et nous sommes venus nous prosterner devant lui. »

Quand Hérode, qui avait déjà le titre de roi des Juifs, entendit parler des mages, il devint furieux.

Il appela tous ses grands prêtres et ses conseillers et leur demanda où se trouvait ce nouveau roi.

« À Bethléem en Judée, répondirent-ils. C'est ce qu'ont écrit les prophètes de Dieu. »

Hérode organisa en secret une rencontre avec les trois mages. Il voulait savoir quand exactement l'étoile était apparue, pour en déduire l'âge de l'enfant. Il les envoya alors à Bethléem pour trouver l'enfant. Il prétendit qu'il voulait lui aussi venir le voir pour lui présenter ses hommages. Mais il avait bien pire en tête !

Les mages quittèrent Jérusalem et ils se réjouirent de voir que l'étoile qu'ils avaient vue en Orient les précédait.

Quand elle s'immobilisa au-dessus des maisons de Bethléem, ils surent qu'ils avaient enfin trouvé leur roi.

Dans la maison où Marie et Joseph étaient désormais installés, les trois mages s'agenouillèrent devant l'enfant Jésus et lui offrirent les cadeaux qu'ils avaient apportés – de l'or, de l'encens au parfum agréable et de la myrrhe, une pommade à l'arôme épicé.

Peu après, Dieu avertit les mages en rêve de ne pas retourner voir Hérode mais de rentrer chez eux par une route différente.

Après leur départ, Dieu envoya un messager pour prévenir également Joseph.

« Hérode va chercher l'enfant pour le tuer. Prends-le tout de suite avec toi, ainsi que Marie, et fuyez en Égypte. Restez-y jusqu'à ce que je te dise que vous pouvez rentrer. »

Joseph et Marie rassemblèrent leurs bagages et, au milieu de la nuit, ils s'enfuirent en Égypte.

La maison de mon Père

LUC, 2

Après la mort d'Hérode, le messager de Dieu dit à Marie et à Joseph de retourner chez eux, en Galilée. Jésus grandit à Nazareth. Il apprenait avec enthousiasme.

Quand il eut dix ans, ses parents l'emmenèrent à Jérusalem pour la fête de la pâque. Au retour, Marie et Joseph pensaient que Jésus était dans la caravane avec d'autres membres de leur grande famille. Ils ne s'inquiétaient pas de ne pas l'avoir vu depuis quelque temps.

Ils voyagèrent toute une journée avant de comprendre que Jésus n'était pas dans la caravane. Ils se mirent à le chercher parmi leur famille et leurs amis, mais personne ne l'avait vu.

Cette nuit-là, ils restèrent éveillés, trop inquiets pour trouver le sommeil.

Tôt le lendemain matin, ils revinrent à Jérusalem et le cherchèrent dans toute la ville.

Le troisième jour, ils le trouvèrent dans le temple. Il était assis au milieu des docteurs de la Loi, les écoutant attentivement et posant lui-même des questions. Tous ceux qui l'écoutaient étaient étonnés par l'étendue de son intelligence.

« Pourquoi nous avoir tant inquiétés ? lui demanda Marie. Tu devais te douter, mon enfant, que nous serions remplis d'angoisse. »

Jésus parut surpris.

« N'étiez-vous pas certains que je serais ici, dans la maison de mon Père ? » répondit-il.

Joseph et Marie ne comprirent pas ce que Jésus voulait dire et Jésus ne donna pas plus d'explications. Et ils firent ensemble route vers Nazareth.

Le règne de Dieu est proche

MATTHIEU, 3 ; MARC, 1 ; LUC, 3 ; JEAN, 1

Élizabeth, la cousine de Marie, avait donné naissance à un fils nommé Jean, et son père, Zacharie, l'éleva dans le respect des lois de Dieu. Devenu adulte, Jean décida de vivre seul dans le désert de Judée. Il portait des vêtements en poils de chameau, mangeait des sauterelles et du miel sauvage. Jean était le messager de Dieu et les gens venaient de Judée, de Jérusalem et de partout pour l'entendre parler.

« Le règne de Dieu est proche, leur disait-il. Demandez pardon à Dieu. Prenez un nouveau chemin et recevez le baptême, alors Dieu vous pardonnera vos fautes. »

Alors, Jean conduisait tous ceux qui voulaient recevoir le pardon de Dieu sur les rives du Jourdain. Il les faisait entrer dans le fleuve et leur plongeait la tête dans l'eau. Cela s'appelait le baptême. C'était un signe que Dieu leur avait pardonné leurs péchés et les en avait purifiés.

Jean leur disait encore de partager ce qu'ils possédaient avec ceux qui étaient dans le besoin. Certains d'entre eux se demandèrent si ce n'était pas lui le Seigneur qu'ils attendaient.

Mais Jean leur dit : « Je suis ici pour vous annoncer que quelqu'un de plus fort que moi va venir bientôt, et je ne suis pas même digne de porter ses chaussures. »

C'est alors que Jésus vint de Nazareth et se rendit sur les bords du Jourdain pour être baptisé par Jean. Ils ne s'étaient jamais rencontrés, mais Jean sut aussitôt qu'il s'agissait du Seigneur envoyé de Dieu.

« C'est moi qui ai besoin que tu me baptises », lui dit Jean. Mais Jésus parvint à le convaincre.

Puis, tandis que Jésus sortait de l'eau, l'esprit de Dieu descendit sur lui sous la forme d'une colombe et une voix se fit entendre venue du Ciel, qui disait : « Voici mon Fils bien-aimé, il a toute ma faveur. »

Changée en vin !

MARC, 1 ; JEAN, 2

Peu après, Jean fut jeté en prison. Jésus vint alors en Galilée prêcher le même message : « Le royaume de Dieu est proche. Repentez-vous et croyez en la bonne parole. »

Sur son chemin, il rencontra certains de ceux qui allaient devenir ses disciples, André et son frère, Simon (que Jésus appela Pierre), Jean et Nathanaël.

Un jour, tandis qu'il se déplaçait en Galilée, Jésus fut invité à un mariage à Cana, avec sa mère et ses amis. Pendant le repas de noces, le vin manqua et Marie en fit part à Jésus. Jésus répondit vivement à sa mère : « Mon heure n'est pas venue… » Mais Marie s'était déjà tournée vers les serviteurs et leur dit : « Faites très précisément tout ce qu'il vous dira. »

À proximité, il y avait six grandes jarres. Les invités s'étaient servis de l'eau qui était dedans pour se purifier avant le repas, selon la loi juive. Maintenant, elles étaient vides.

« Remplissez ces jarres d'eau, dit Jésus aux serviteurs. Puisez-en un peu et allez la porter à l'intendant responsable du festin. »

Les serviteurs firent comme on leur avait dit et portèrent l'eau à l'intendant.

Elle s'était changée en vin !

L'intendant appela le marié.

« Tout le monde sert le bon vin d'abord et garde le vin ordinaire pour la fin du repas. Toi, tu as gardé le bon vin jusqu'à maintenant ! »

Ce fut le premier miracle de Jésus, mais seuls les serviteurs qui avaient tiré l'eau eurent connaissance du secret de Jésus.

Il en choisit douze

MATTHIEU, 4, 10 ; MARC, 1, 3 ; LUC, 5, 6

Rapidement, la renommée de Jésus et de son enseignement se répandit. Il parlait avec une telle autorité que des foules entières venaient des alentours pour l'écouter.

Un jour, Jésus prêchait sur les bords du lac de Gennésareth. La foule devenait de plus en plus nombreuse et se pressait sur la rive. Jésus remarqua deux barques de pêcheurs qu'on avait tirées sur le sable. Les pêcheurs étaient tout près de là, lavant leurs filets. Jésus monta dans l'une des barques et demanda à Simon, le pêcheur, d'avancer sur le lac à quelque distance de la rive. De là, assis dans le bateau, il put continuer à parler à la foule.

Quand il eut fini de prêcher, Jésus dit à Simon d'aller plus au large et de jeter ses filets.

« Nous avons pêché toute la nuit et nous n'avons pas eu de chance, dit Simon. Mais si tu nous le dis, nous allons essayer de nouveau. »

Simon et son frère, André, éloignèrent le bateau et mirent les filets à l'eau. Aussitôt, les filets se remplirent d'un nombre si considérable de poissons qu'ils faillirent se rompre et que le bateau commençait à s'enfoncer !

« Venez nous aider ! » crièrent les deux hommes à Jacques et Jean, qui étaient dans l'autre barque. Les pêcheurs étaient stupéfaits.

Quand les bateaux rejoignirent la rive, chargés de leur prise, Jésus dit : « Soyez sans crainte. Je veux que vous veniez avec moi. Désormais vous serez pêcheurs d'hommes, et non plus de poissons. » Ainsi, les quatre hommes laissèrent leurs bateaux sur la rive et devinrent les disciples de Jésus.

Un jour, Jésus vint au-devant d'un percepteur d'impôts nommé Lévi et lui dit de tout quitter pour le suivre. Lévi se leva sur-le-champ et fit ce que Jésus lui avait dit !

Les percepteurs n'étaient pas aimés des Juifs, parce qu'ils levaient l'impôt pour les Romains. Beaucoup s'enrichissaient aux dépens des Juifs. Aussi, lorsque Lévi donna une fête chez lui en l'honneur de Jésus, les Juifs les plus pieux furent-ils choqués que Jésus s'y rende.

« Jésus, pourquoi manges-tu et bois-tu avec de tels parias ? » lui demandèrent-ils, en colère.

« Ceux qui sont en bonne santé n'ont pas besoin d'un médecin, répondit Jésus. Comme un médecin, je guéris les malades. Je n'ai pas besoin d'aider *ceux qui ont trouvé Dieu*, je suis venu pour ceux qui sont *loin* de Dieu. »

Certaines nuits, quand Jésus avait fini de prêcher et que la foule était repartie, il venait volontiers sur la montagne pour être au calme et prier. Il lui arrivait de prier toute la nuit.

Un jour, Jésus rassembla tous ses disciples. Il en avait choisi douze, parmi les plus fidèles, pour être ses amis, qu'il appela les Apôtres. Ces douze étaient : Simon (que Jésus appela Pierre) et son frère André, Jacques et Jean, Philippe et Barthélemy (appelé aussi Nathanaël), Matthieu (Lévi, le percepteur), Thomas, Jacques (fils d'Alphée), Simon, Judas (fils de Jacques) et Judas Iscariote.

Jésus leur expliqua pourquoi Dieu l'avait envoyé sur terre. Les apôtres devinrent des amis très proches de Jésus, voyageant avec lui où qu'il aille, témoins des miracles qu'il accomplissait.

Le paralytique

MATTHIEU, 9 ; MARC, 2 ; LUC, 5

La nouvelle se répandit que Jésus soignait ceux qui étaient malades. Bientôt, les gens venaient en foule de partout rien que pour qu'il les touche.

Un jour, Jésus prêchait dans une maison. Il arriva tant de monde pour l'écouter que la maison fut bientôt comble. Il ne restait pas la moindre place et même dehors les gens attendaient, pressés les uns contre les autres, pour voir et toucher Jésus.

Quatre homme se présentèrent. Ils portaient un ami sur une civière. Le pauvre homme était paralysé et ses amis étaient convaincus que Jésus pourrait le guérir. Mais, en dépit de leurs efforts, il n'arrivaient par à se frayer un passage, parmi la foule, jusqu'à l'intérieur de la maison pour voir Jésus.

Les quatre hommes ne se découragèrent pas. Ils portèrent leur ami jusque sur le toit plat de la maison, firent un trou et descendirent le paralytique à l'endroit précis où Jésus se trouvait.

Quand Jésus vit ce qu'ils venaient de faire, il fut saisi par leur foi, par la sollicitude dont ils faisaient preuve pour leur ami. Jésus se tourna vers l'homme sur la civière et dit : « Tes péchés te sont pardonnés. »

Il y avait là, également, des docteurs de la Loi, des Pharisiens, qui étaient furieux que Jésus ait osé parler ainsi. « Comment peut-il dire une chose pareille ? pensaient-ils. Dieu seul a le pouvoir de pardonner les péchés. »

Jésus savait parfaitement ce que pensaient les docteurs de la Loi.

« Pourquoi ces mauvaises pensées ? leur demanda-t-il. « Lequel est le plus facile, à votre avis, – dire à cet homme : "Tes péchés te sont pardonnés", ou de faire qu'il se lève et qu'il marche de nouveau ? Je veux que vous sachiez que Dieu a donné au Fils de l'homme le pouvoir de faire ces deux choses. »

Alors, Jésus dit à l'homme sur la civière : « Lève-toi, prends ta civière et retourne chez toi ! »

L'homme fit sous leurs yeux ce que Jésus lui avait dit. Tous furent stupéfaits et louèrent Dieu, en disant : « Jamais nous n'avons vu cela. »

Notre Père, qui es aux Cieux

MATTHIEU, 5-7 ; LUC, 6

Jésus montait souvent dans les collines de Galilée. Un jour, une grande foule se rassembla pour l'écouter parler des bienfaits de Dieu.

« Heureux ceux qui ont une âme de pauvre, car le royaume des Cieux est fait pour eux, dit Jésus. Dieu consolera tous ceux qui pleurent et Il récompensera ceux qui auront été humiliés.

« Heureux ceux qui font ce que Dieu veut, car il seront exaucés. Faites preuve de clémence et vous serez traités avec clémence. Celui qui a un cœur pur verra Dieu et ceux qui travaillent pour la paix seront appelés fils de Dieu. Si vous êtes maltraités parce que vous avez fait ce qu'Il a demandé, le royaume des Cieux vous appartiendra. Réjouissez-vous car grande sera votre récompense dans les Cieux. »

Jésus se servait d'images de la vie de tous les jours pour faire comprendre plus facilement son enseignement. « Vous êtes comme le sel qu'on met dans la nourriture pour éviter qu'elle ne pourrisse. Vous préserverez les paroles de Dieu », dit-il.

« Vos bonnes actions seront comme des lampes qui brillent dans les ténèbres, éclairant la création de Dieu. Les hommes glorifieront Dieu à cause de cela.

« Dieu vous a donné ses Commandements que vous devez respecter en toutes circonstances. Dieu dit : "Tu ne tueras pas". Mais se mettre en colère au point de souhaiter tuer quelqu'un est tout aussi mal. Dieu veut que nous aimions nos ennemis et que nous fassions preuve de bonté envers ceux qui nous font du tort. »

Jésus leur parla ensuite de la façon de prier.

« Cherchez un endroit calme quand vous voulez prier, et parlez à Dieu. Il sait exactement ce dont vous avez besoin. Voici comment Le prier :

Notre Père qui es aux cieux,
Que ton nom soit sanctifié,
Que ton règne vienne,
Que ta volonté soit faite sur la terre
comme au ciel.
Donne-nous aujourd'hui notre pain de ce jour.
Pardonne-nous nos offenses, comme nous pardonnons aussi à ceux qui nous ont offensés,
Et ne nous soumets pas à la tentation,
Mais délivre-nous du mal.

« Priez Dieu avec confiance, dit Jésus, et Il ne vous fera pas faux-bond. »

« N'amassez pas d'argent et n'achetez pas, ici, sur terre, des choses que l'on pourrait vous voler. Amassez, en revanche, des trésors dans le Ciel, où Dieu vous donnera tout ce dont vous avez besoin », dit Jésus.

« Ne vous préoccupez pas de savoir d'où vous tirerez votre prochain repas. Regardez autour de vous, les oiseaux dans le ciel…

« … ils ne sèment pas de graines et ils ne moissonnent pas, et Dieu s'occupe d'eux. Vous êtes pour Lui bien plus important qu'eux. »

« Ne vous inquiétez pas des vêtements que vous allez porter. Regardez comment Dieu a habillé les fleurs dans les champs. Elles ne travaillent pas, mais Il prend soin d'elles de la même façon. Placez en Dieu votre confiance et Il vous donnera tout cela. »

De solides fondations

MATTHIEU, 7

Les gens aimaient plus que tout écouter Jésus leur raconter des histoires. « Si vous suivez ce que je vous enseigne, leur disait-il, vous serez comme celui qui construit sa maison sur de bonnes et de solides fondations. Écoutez…

Deux hommes décidèrent de construire leur maison. L'homme prudent la bâtit sur le roc. Malgré la pluie, les inondations et le vent, la maison tint bon.

« Mais si vous ne tenez pas compte de ce que je dis, vous serez comme l'autre homme. Il fut assez fou pour construire sa maison sur le sable. Il n'y avait aucune fondation et, quand vinrent les pluies, les inondations et le vent, sa maison s'écroula ! »

Tous ceux qui écoutaient les paraboles de Jésus étaient étonnés de la simplicité avec laquelle il portait la vérité de Dieu.

Un centurion romain

MATTHIEU, 8 ; LUC, 7

Une fois, Jésus, ayant fini de prêcher, se rendit dans une ville nommée Capharnaüm, où vivait un centurion romain.

En général, les Juifs détestaient les soldats romains, mais celui-ci était différent. Il s'était rendu sympathique aux gens de la ville.

Un jour, son serviteur fut malade. Quand le centurion entendit que Jésus était en ville, il demanda à ses amis juifs s'ils ne pourraient pas aller demander à Jésus de le guérir.

« Viens, nous t'en prions, demandèrent ses amis à Jésus. Cet officier romain mérite ton aide. C'est un homme bon. Il a financé la construction d'une synagogue pour nous. »

Jésus accepta et les suivit jusqu'à la maison du soldat.

Ils avaient presque atteint la maison lorsque d'autres amis du centurion vinrent vers eux.

Le Romain avait demandé à ses amis de dire à Jésus de ne pas pénétrer dans sa maison. Il ne se sentait pas digne que Jésus entre, ni assez bon pour se présenter lui-même devant Jésus. Il fit dire qu'il savait que son serviteur irait mieux si seulement Jésus en donnait l'ordre, comme lui-même commandait à ses soldats. Jésus fut saisi d'admiration. Il se tourna vers la foule qui le suivait et dit :

« Jamais je n'ai rencontré une pareille foi, dit-il, pas même parmi les Juifs. » Il fit alors répondre au centurion : « Ainsi que tu as cru, ainsi il sera fait pour toi. »

Quand les messagers revinrent à la maison du centurion, ils découvrirent que le serviteur était guéri, comme Jésus l'avait promis.

Une terrible tempête

MATTHIEU, 8 ; MARC, 4 ; LUC, 8

Un soir, après avoir fini de prêcher, Jésus proposa à ses disciples de monter dans une barque pour traverser le lac jusqu'à la rive opposée.

Ils appareillèrent et, bercé par le doux clapotis de l'eau contre le flanc de la barque, Jésus ne tarda pas à s'endormir. La journée avait été longue et il était très fatigué.

Peu après, le vent tourna brusquement. Il devint violent et fouettait l'eau, soulevant d'énormes vagues. Une terrible tempête fit rage. Les vagues devenaient de plus en plus grosses et passaient par-dessus les bords de la petite barque. Mais le bruit et l'agitation ne suffirent pas à réveiller Jésus.

Plusieurs des disciples de Jésus étaient pêcheurs et avaient connu bien d'autres tempêtes auparavant. Mais même ceux-là commençaient à avoir peur. Comment Jésus pouvait-il continuer à dormir au milieu d'une bourrasque pareille ? Ils le secouèrent.

« Maître, réveille-toi ! criaient-ils. Nous allons tous mourir ! »

Jésus se leva. « Apaisez-vous ! » commanda-t-il aux vagues et au vent.

Sur-le-champ, le vent tomba et l'eau redevint d'huile.

Jésus se tourna vers ses disciples. « Où est passée votre foi ? » leur demanda-t-il. Ils ne répondirent pas. Ils restaient ébahis, regardant avec le plus grand respect cet homme qui leur ressemblait mais qui donnait des ordres auxquels le vent et les vagues obéissaient. Qui pouvait-il bien être pour détenir un tel pouvoir ?

Crois seulement

MATTHIEU, 9 ; MARC, 5 ; LUC, 8

Quand Jésus revint sur le bord du lac, une foule immense l'attendait. Parmi elle, se trouvait Jaïre, un chef de la synagogue. Il tomba aux pieds de Jésus et le supplia de venir chez lui.

« Ma fille unique est très malade, dit-il. Elle n'a que douze ans, et elle est mourante. »

Aussitôt, Jésus se mit en route avec l'homme. La foule suivait, le bousculant et l'étouffant.

Dans la foule, se trouvait une femme qui était malade depuis des années. Elle savait que Jésus avait le pouvoir de la guérir. Elle s'approcha de lui par derrière et toucha ses vêtements. Elle fut guérie sur-le-champ.

Bien qu'il y eût beaucoup de monde qui le bousculait, Jésus sentit ce que faisait la femme.

« Qui a touché mes vêtements ? demanda-t-il ? »

« Comment savoir ? dit Pierre, il y a tant de monde qui se presse autour de toi ! »

« Quelqu'un voulait être guéri, dit Jésus, et on m'a touché. Qui était-ce ? »

Quand la femme entendit Jésus parler ainsi, elle sut qu'elle était découverte. Tremblante, elle s'avança vers Jésus et lui expliqua pourquoi elle avait touché ses vêtements et comment elle avait été guérie aussitôt.

« Ta foi t'a sauvée ; elle t'a permis de guérir, lui dit-il. Va en paix. »

Pendant que Jésus parlait à la femme, un messager arriva de la maison de Jaïre.

« Ta fille est morte, dit-il à Jaïre, n'ennuie plus le Maître. »

Jésus avait entendu et dit à Jaïre : « Sois sans crainte, crois seulement et ta fille revivra. »

Ils se hâtèrent d'aller à la maison de Jaïre, où ils trouvèrent tout le monde dehors, en larmes.

« Ne pleurez pas, leur dit Jésus. La jeune fille n'est pas morte, elle dort. » Il entra dans sa chambre, lui prit la main et dit : « Lève-toi, mon enfant. » À l'instant même, elle se redressa.

« Donnez-lui quelque chose à manger », dit Jésus. Stupéfaits, les parents de la jeune fille avaient peine à croire ce qu'ils avaient vu.

Le Bon Pasteur

MATTHIEU, 18 ; LUC, 15 ; JEAN, 10

Toutes sortes de gens venaient à Jésus et jamais il ne rejetait personne. Mais les docteurs de la Loi trouvaient à redire. Pourquoi fréquentait-il des gens comme les percepteurs et les malfaiteurs ? C'est pourquoi, pour mieux le leur expliquer, Jésus raconta un jour l'histoire suivante aux docteurs de la Loi.

« Si un berger a cent brebis, dit Jésus, et que l'une d'entre elle s'égare, que fera le berger ? Il laissera les quatre-vingt-dix-neuf autres brebis dans le pâturage pour aller chercher la brebis perdue. Il cherchera jusqu'à ce qu'il la trouve.

« Alors, le bon berger sera heureux, poursuivit Jésus. Il prendra la brebis sur ses épaules et la ramènera au bercail, et il appellera ses amis et ses voisins pour qu'ils viennent se réjouir avec lui d'avoir retrouvé sa brebis perdue.

« C'est la même chose dans le ciel, dit Jésus. Je suis le Bon Pasteur. Je suis venu chercher ceux qui se sont égarés loin de Dieu, afin de les ramener à Lui. Un bon berger n'abandonne jamais son troupeau. Le berger connaît chacune de ses brebis. Ceux qui me suivent sont mes brebis. Je les conduis et je les protège. Je suis prêt à donner ma vie pour eux. »

Les grains dans la bonne terre

MATTHIEU, 13 ; MARC, 4 ; LUC, 8

Jésus racontait beaucoup d'histoires – des paraboles – pour expliquer ce qu'est le royaume de Dieu.

« Un jour, dit Jésus, un homme sortit pour semer. Tandis qu'il jetait les grains, certains sont tombés sur le chemin. Les oiseaux sont venus et les ont mangés.

« D'autres grains sont tombés sur la rocaille. Ils ont vite germé, mais il n'y avait pas assez de terre pour qu'ils prennent racine. Aussi, quand le soleil s'est mis à chauffer, les jeunes pousses se sont desséchées.

« D'autres grains encore sont tombés parmi les mauvaises herbes, qui ont étouffé les pousses. D'autres sont tombés dans la bonne terre. Cette semence-là a donné des pousses vigoureuses et produit beaucoup de blé. »

Jésus expliqua ensuite ce que signifiait la parabole. « Ceux qui entendent la Parole de Dieu mais ne la comprennent pas sont comme la semence tombée sur le chemin. Ils ne l'assimilent pas. Les grains qui tombent sur la rocaille sont comme ceux qui se réjouissent quand ils entendent la Parole, mais qui, dès qu'une difficulté surgit, abandonnent. Les grains qui tombent parmi les mauvaises herbes sont comme ceux qui laissent leur amour de l'argent et les soucis de ce monde étouffer la Parole.

« La semence qui tombe dans la bonne terre, ce sont ceux qui entendent la Parole de Dieu. Leur façon de vivre prouve qu'ils ont compris et qu'ils mettent en pratique la Parole de Dieu. »

« Je suis le semeur... »

MATTHIEU, 13

Jésus leur raconta une autre parabole pour leur parler du royaume de Dieu.

« Un homme avait semé du bon grain dans son champ, dit Jésus. Mais il avait un ennemi et, une nuit, tandis que tout le monde dormait, son ennemi vint semer de la mauvaise herbe – de l'ivraie – parmi le bon grain.

« Quand les plantes se mirent à pousser, les ouvriers agricoles remarquèrent l'ivraie et demandèrent au fermier : "D'où viennent ces mauvaises herbes ? Tu as semé du bon grain. Devons-nous les arracher ?"

« Le fermier répondit : "Non, laissez-les, vous pourriez arracher le blé en même temps. Au moment de la moisson, nous dirons aux moissonneurs de récolter d'abord l'ivraie et de la brûler. Alors il sera facile de ramasser le blé pour l'entreposer dans ma grange. »

Un peu plus tard, quand la foule fut repartie et que les amis de Jésus se trouvèrent seuls avec lui, ils lui demandèrent ce que signifiait l'histoire de la mauvaise herbe.

« Je suis le semeur qui sème le bon grain, qui répand la Parole de Dieu, dit Jésus. Le champ, c'est le monde. La bonne semence, ce sont ceux qui croient en la Parole de Dieu. Les mauvaises herbes, ce sont ceux qui appartiennent à l'ennemi de Dieu, au Malin. La moisson sera faite à la fin du monde. Les moissonneurs sont les anges de Dieu qui sépareront le peuple de Dieu de ceux qui se sont détournés de Lui ou qui ont fait le mal. »

Cinq mille personnes

MATTHIEU, 14 ; MARC, 6 ; LUC, 9 ; JEAN, 6

Au fil du temps, la foule qui venait écouter Jésus était de plus en plus nombreuse. Jésus parlait pendant des heures, mais le temps passait vite, sans qu'on s'en aperçoive. Une fois, Jésus prêchait près du lac de Tibériade. À la tombée du jour, il y avait toujours une grande foule autour de lui. La journée avait été longue et tous avaient faim.

« Renvoie-les, qu'ils aillent trouver de quoi manger dans les fermes et les villages », dirent ses disciples.

« Donnez-leur vous-mêmes quelque chose à manger », répondit Jésus.

« Où trouverions-nous assez de nourriture pour tous ces gens ? » demandèrent les disciples.

André, l'un des disciples, prit la parole :
« Il y a ici un enfant avec cinq pains d'orge et deux petits poissons. Mais ce n'est certainement pas pas assez pour nourrir tout ce monde. »

« Dites aux gens de s'asseoir dans l'herbe. » Jésus prit les pains et les poissons et il rendit grâce à Dieu pour cette nourriture.

Alors Jésus donna la nourriture aux disciples qui à leur tour la partagèrent avec la foule. Chacun mangea à sa faim. Et quand on ramassa les morceaux restants, on en remplit douze paniers.

Cinq mille personnes mangèrent ce jour-là.

Moïse et le prophète Élie

MATTHIEU, 17 ; MARC, 9 ; LUC, 9

Jésus savait que son enseignement se répandait rapidement. Un jour, il demanda à ses disciples : « Qui suis-je pour les gens ? »

« Pour certains, Jean le Baptiste, pour d'autres, l'un des prophètes qui serait ressuscité », répondirent-ils.

« Et vous, leur demanda Jésus, qui pensez-vous que je suis ? »

« Tu es le Seigneur que Dieu a promis »,
répondit Pierre. Sa réponse plut à Jésus ;
il comprit qu'il était temps de préparer
ses disciples à ce qui allait se passer.

« Bientôt, il me faudra aller à Jérusalem, dit
Jésus. Les prêtres et les docteurs de la Loi ne
croient pas que je sois le Fils de Dieu. Ils me
mettront à mort mais, au bout de trois jours,
je me relèverai et je serai de nouveau en vie. »

« Si vous voulez me suivre, vous devez vous attendre à des épreuves », dit Jésus à ses amis. Une semaine plus tard environ, Jésus gravit une montagne avec Pierre, Jacques et Jean. Comme il s'agenouillait pour prier, le visage de Jésus changea et ses vêtements devinrent d'une blancheur étincelante.

Soudain, deux autres personnages rayonnant de blancheur apparurent – Moïse et le prophète Élie. Ils parlaient avec Jésus des plans de Dieu à son sujet et de sa propre mort.

Pierre, Jacques et Jean s'étaient endormis profondément. Quand ils se réveillèrent et virent les autres personnages, ils furent effrayés. Alors, une nuée traversa le ciel, et une voix qui provenait d'elle dit :

« Voici mon fils, écoutez-le ! » Puis la vision disparut. Jésus et ses amis étaient seuls.

Mon fils était perdu

LUC, 15

Tous les jours, ceux qui venaient écouter Jésus étaient plus nombreux. Il y avait parmi eux des exclus et des malfaiteurs. Les Pharisiens – les docteurs de la Loi parmi les Juifs –, se plaignaient toujours entre eux : « Jésus n'est pas un bon prêcheur. Voyez dans quelle mauvaise compagnie il se complaît. » Alors, Jésus leur raconta l'histoire que voici.

Un homme avait deux fils. Un jour, le plus jeune dit : « Père, je voudrais la part de votre fortune qui me revient. » Le père partagea donc ses richesses et en donna la moitié à chaque fils.

Le plus jeune quitta la maison et partit au loin. Il prit du bon temps et, bientôt, il eut dépensé tout son argent.

Une famine ravagea le pays où il se trouvait. Le seul travail qu'il trouva fut de garder les cochons. Il avait si faim qu'il aurait bien mangé les cosses qu'il donnait à ses cochons.

« Que vais-je faire ? songeait-il. À la maison, même les esclaves de mon père ont plus à manger qu'il ne leur est nécessaire. Ici, je n'ai rien à manger. Je vais rentrer et dire à mon père que je lui ai fait du tort, ainsi qu'à Dieu. Je lui demanderai pardon. Je ne suis plus digne d'être son fils, mais il pourrait m'embaucher à son service. »

Il ramassa ses maigres affaires et prit le chemin du retour.

Le fils était encore loin de la maison quand son père l'aperçut. Le père, débordant de joie, se précipita à la rencontre de son fils. Il l'entoura de ses bras et le serra contre lui. Son fils lui demanda pardon, comme il l'avait prévu, mais son père se contenta d'appeler ses esclaves.

« Apportez des vêtements neufs, ordonna-t-il. Tuez le veau le plus gras et préparez un repas de fête. Je pensais que mon fils était perdu, peut-être même mort. Mais il est vivant, et il est ici de nouveau ! Que la fête commence ! »

Pendant ce temps, le fils aîné travaillait dans les champs. En s'approchant de la maison, il entendit la musique et les rires qui venaient de la maison.

« Qu'est-ce qu'il se passe ? » demanda-t-il à une esclave ?

« Ton frère est revenu et ton père célèbre son retour », répondit la servante. L'aîné se mit dans une telle colère qu'il refusa d'entrer dans la maison.

Son père sortit pour voir ce qui n'allait pas.

« Durant toutes ces années, j'ai travaillé pour toi comme un esclave, dit-il à son père. Jamais je ne t'ai désobéi. Et jamais tu ne m'as rendu hommage, mais voilà que tu le fais pour mon frère qui est un bon à rien. »

« Mon fils, tout ce qui est à moi est à toi, dit son père, mais il nous fallait faire la fête. Car ton frère était perdu et maintenant il est retrouvé. »

Le bon Samaritain

LUC, 10

Jésus était devenu si populaire que les chefs religieux en furent jaloux. Ils voulurent se débarrasser de lui et certains souhaitaient même sa mort. D'autres essayaient de le prendre en défaut avec des questions comme celle-ci : « Que dois-je faire pour obtenir la vie éternelle ? »

« Qu'est-ce que la Loi de Dieu te dit de faire ? » lui demanda Jésus en retour.

« Je dois aimer Dieu de tout mon cœur, avec toute ma force et toute mon âme, répondit l'homme. Et je dois aimer mon prochain comme moi-même. Mais qu'est-ce que cela signifie ? Qui est mon prochain ? »

Pour répondre à cette question, Jésus fit ce qu'il faisait souvent : il raconta une parabole.

« Un homme voyageait, un jour, de Jérusalem vers Jéricho. En chemin, il fut attaqué par des voleurs. Ils le battirent et le laissèrent pour mort. Peu après, un prêtre vint à passer. Quand il vit l'homme à terre, il emprunta l'autre bord du chemin.

« Ensuite, survint un docteur de la Loi, dit Jésus. Il ne fit rien non plus pour secourir cet homme. Lui aussi poursuivit sa route.

« Plus tard, un Samaritain passa. Il vit l'homme et prit aussitôt pitié de lui. Il nettoya avec soin ses blessures.

« Puis, avec mille précautions, il le plaça sur son âne et le conduisit à l'auberge la plus proche.

« Le lendemain, poursuivit Jésus, quand le Samaritain dut partir, il donna de l'argent à l'aubergiste et lui dit : "Prends soin de cet homme. Quand je repasserai par ici, je te paierai tout ce que tu auras dépensé en plus." »

« Le Samaritain fit tout cela bien que l'homme en question soit un Juif et que les Juifs n'aiment pas les Samaritains. »

Jésus regarda le chef religieux qui lui avait posé la question et lui demanda : « Qui, selon toi, s'est conduit en vrai prochain ? »

« Le bon Samaritain », répondit l'homme.

« Alors, va, dit Jésus, et essaie de te conduire comme lui. »

La résurrection de Lazare

LUC, 10 ; JEAN, 11

Jésus aimait rendre visite à des amis qui habitaient à Béthanie, un village situé près de Jérusalem. Il y avait là deux sœurs, Marie et Marthe, et leur frère Lazare.

Un jour, Marthe s'affairait à préparer le repas tandis que Marie restait assise, simplement, aux pieds de Jésus, l'écoutant parler.

« Pourquoi ne dis-tu pas à Marie de venir m'aider ? » demanda Marthe à Jésus, agacée.

« Marie a parfaitement raison de m'écouter, lui répondit Jésus. Tu ne devrais pas te soucier à ce point des choses de ce monde et venir écouter plutôt ce que j'ai à dire, tant que tu le peux. »

Un jour, Jésus reçut un message des deux sœurs.

« Lazare est très malade, dit le messager. Viens vite, nous t'en prions. »

Jésus avait une grande affection pour Lazare et ses sœurs, c'est pourquoi ses disciples s'attendaient à ce que Jésus se précipite à Béthanie. Mais Jésus resta deux jours entiers là où il était. Il savait que Lazare, d'ici là, serait mort.

Les amis de Jésus ne voulaient pas qu'il s'approche de Jérusalem. Ils savaient que ses ennemis étaient là, complotant contre lui. Mais quand ils comprirent qu'il était décidé à y aller, Thomas dit : « Allons-y tous, comme cela nous mourrons ensemble. »

Quand ils arrivèrent à Béthanie, Marthe vint au-devant d'eux, mais Marie resta dans la maison.

Marthe s'adressa à Jésus : « Si seulement tu avais été là, mon frère ne serait pas mort. Voilà quatre jours qu'il est au tombeau. »

« Ton frère ressuscitera », lui dit Jésus.

« Je sais qu'il ressuscitera au dernier Jour », dit Marthe.

« Je suis la Résurrection et la Vie, poursuivit Jésus. Celui qui croit en moi ne mourra jamais vraiment. Crois-tu en ce que je viens de dire ? »

« Oui, Seigneur, répondit Marthe. Je comprends. Je crois que tu es le Christ, le Fils de Dieu. »

« Je crois que tu es venu pour apporter la vie nouvelle et éternelle à tous ceux qui croient en toi. » Marie et Marthe étaient si bouleversées qu'elles pleuraient amèrement.

Les amis qui étaient venus soutenir les deux sœurs pleuraient aussi. Quand Jésus les vit, il fut troublé et pleura lui aussi. Il aimait Lazare. En voyant Jésus si ému, certains se demandaient pourquoi il n'était pas venu plus tôt pour empêcher Lazare de mourir.

Alors, Jésus se rendit au tombeau. C'était une grotte, avec une pierre qui en fermait l'entrée. « Retirez cette pierre », ordonna Jésus.

« Mais, Seigneur, il est mort depuis quatre jours, dit Marthe. Cela sent mauvais. » Jésus se mit à prier : « Mon Dieu, je sais que tu es mon Père. Mais par amour pour tous ceux qui sont ici, montre-leur par un signe que c'est Toi qui m'as envoyé. »

Il dit alors à haute et forte voix : « Lazare ! Sors d'ici ! »

Aussitôt, Lazare sortit du tombeau. Il était encore vêtu des linges dans lesquels on avait drapé son cadavre.

« Retirez-lui ces vêtements mortuaires, dit Jésus, et laissez-le aller. »

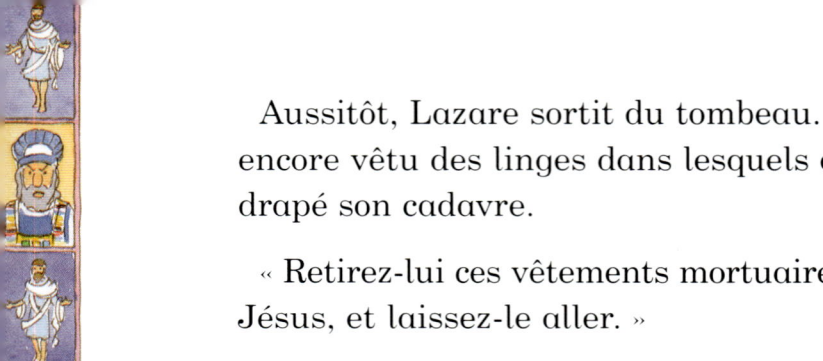

Un grand nombre de gens qui assistèrent à cette scène crurent vraiment, dès lors, que Jésus était le Fils de Dieu. Certains, au contraire, vinrent trouver les grands prêtres et leur racontèrent la résurrection de Lazare. Les grands prêtres tinrent conseil.

« Sous peu, dirent-ils, tous vont croire en cet homme et le suivre. Les Romains vont penser que nous sommes entrés en rébellion.

À partir de ce jour-là, les grands prêtres conçurent le projet de tuer Jésus.

Aie pitié de nous

LUC, 17

Un jour qu'il faisait route vers Jérusalem, Jésus croisa dix hommes atteints d'une terrible maladie de la peau appelée la lèpre.

« Jésus ! Aie pitié de nous ! » crièrent-ils.

« Allez montrer votre corps aux prêtres, leur dit Jésus. Car seuls les prêtres peuvent attester que vous êtes vraiment guéris. »

Comme ils se pressaient pour rencontrer les prêtres, leur peau fut guérie. Un homme, un Samaritain, revint trouver Jésus pour le remercier. « Pourquoi un seul homme vient-il remercier Dieu, alors que dix ont été guéris ? » fit remarquer Jésus à ses disciples. Puis, se tournant vers l'homme, il lui dit : « Va, ta foi t'a sauvé. »

Zachée, le percepteur

LUC, 19

Bientôt, Jésus entra dans la ville de Jéricho. Zachée, le percepteur en chef, vivait là et se trouvait parmi la foule qui essayait d'entrevoir Jésus. Zachée était de petite taille et ne pouvait voir par-dessus les épaules. Aussi décida-t-il de courir en avant et de grimper dans un arbre pour avoir une vue meilleure.

Quand Jésus passa près de l'arbre, il dit : « Descends, Zachée. Je veux demeurer chez toi, aujourd'hui. »

La foule s'indigna. Comment Jésus pouvait-il fréquenter des gens pareils ? Mais le fait de rencontrer Jésus avait changé Zachée.

Il proposa de donner la moitié de ses richesses aux pauvres et de rendre au quadruple ce qu'il avait perçu en trop. Jésus se tourna vers l'assistance et dit : « Le Fils de l'Homme est venu chercher et sauver ce qui était perdu. »

L'entrée dans Jérusalem

MATTHIEU, 21 ; MARC, 11 ; LUC, 19 ; JEAN, 12

Aux abords de Jérusalem, Jésus s'adressa à deux de ses disciples.

« Allez jusqu'au prochain village, leur dit-il, et vous y trouverez un âne. Apportez-le moi et, si quelqu'un vous demande pourquoi vous le prenez, dites-lui que je vous ai envoyés et que je leur rendrai leur âne. »

Les hommes trouvèrent l'âne. Ils jetèrent leur manteau sur son dos et aidèrent Jésus à monter dessus.

Quand les gens comprirent que Jésus arrivait à Jérusalem, ils vinrent l'accueillir. Certains déposaient leur manteau sur son chemin. D'autres étalaient des branches de palmier. « Gloire à Dieu ! criaient-ils. Le Seigneur est parmi nous ! »

Une fois entré dans Jérusalem, Jésus se rendit au temple. Il y trouva plein de gens en train d'y acheter et d'y vendre des colombes. D'autres changeaient de l'argent contre des pièces émises par le temple.

Jésus était furieux et se mit à les chasser. « Ce lieu est fait pour prier, criait-il, et vous en avez fait un repaire de voleurs ! »

Après quoi, Jésus guérit les malades.

Quand les grands prêtres surent ce qu'il avait fait, ils entrèrent dans une grande colère. Tant de gens suivaient Jésus que les prêtres virent en lui une sérieuse menace pour leur pouvoir. Ils étaient alors plus décidés que jamais à le faire mourir.

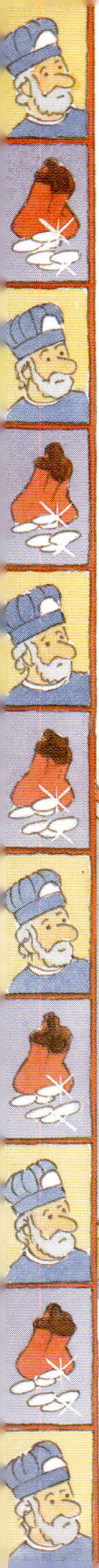

Trente pièces d'argent

MATTHIEU, 26 ; MARC, 14 ; LUC, 22

La fête de la pâque approchait. Tandis que les disciples achetaient de quoi manger au marché, Judas Iscariote s'éclipsa et se rendit auprès des grands prêtres. Le Mal avait pénétré son cœur et il ne croyait plus que Jésus était l'Envoyé de Dieu.

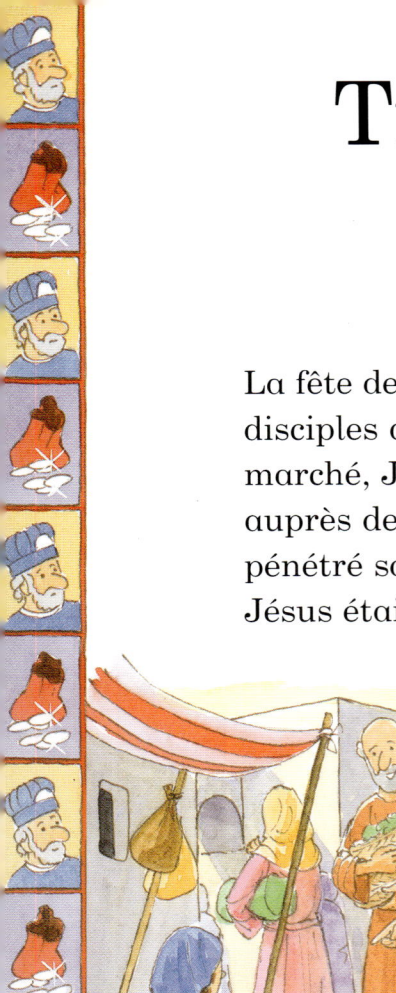

Quand Judas apprit aux prêtres les raisons de sa venue, ils se réjouirent.

« Combien me paieriez-vous pour vous livrer Jésus en toute certitude ? » leur demanda Judas.

Les prêtres comptèrent trente pièces d'argent et les remirent à Judas.

« Je vous conduirai à lui lorsqu'il sera seul, promit Judas, ainsi il n'y aura pas d'émeute. » et, à partir de ce moment-là, il guetta l'occasion de trahir Jésus.

Le dernier repas

MATTHIEU, 26 ; MARC, 14 ; LUC, 22 ; JEAN, 13

La veille de la pâque, Jésus demanda à Pierre et à Jean de préparer le repas.

« Où allons-nous manger ? » demandèrent-ils. « Quand vous entrerez dans Jérusalem, leur dit Jésus, vous rencontrerez un homme avec une cruche. Il vous conduira dans une maison avec une pièce à l'étage. Vous y préparerez tout ce qu'il nous faut. »

Le soir, avant le repas, Jésus savait que ses disciples s'étaient disputés pour savoir qui était le meilleur. Alors, Jésus prit un bassin rempli d'eau et se mit à leur laver les pieds. Pierre réagit vivement.

« Je ne peux imaginer que *tu* me laves les pieds ! »

« Je veux que vous suiviez mon exemple, dit Jésus. Celui qui veut être grand dans le royaume de Dieu doit apprendre à servir les autres, comme moi-même je vous sers. »

Ensuite, ils s'assirent pour manger.

Au cours du repas, Jésus dit : « L'un de vous va me trahir, l'un de ceux qui mangent avec moi en ce moment. »

Pierre murmura à Jean : « Demande-lui qui c'est. » Ce que fit Jean.

Jésus répondit : « Celui à qui je donnerai cette bouchée de pain. » Et il donna à chacun d'eux un morceau de pain trempé dans les aromates.

Ils n'en surent pas plus, mais plus tard il revint à Jean que Jésus avait donné la première bouchée à Judas et lui avait dit : « Va faire ce que tu as à faire. »

Personne ne comprit à ce moment-là ce que cela signifiait. Les disciples crurent que Jésus disait à Judas, qui tenait leurs comptes, d'aller acheter un peu plus de nourriture. Ils virent Judas quitter la pièce et ils surent que c'était la nuit.

Jésus promit alors à ses disciples que l'esprit de Dieu serait toujours avec eux et qu'ils ne devaient pas avoir peur. Il savait que c'était le dernier repas qu'il partageait avec eux. Il prit un morceau de pain, remercia Dieu, et le rompit en plusieurs morceaux.

« Ceci est mon corps, dit-il. Comme ce pain, je serai rompu. Je mourrai pour vous. Faites ceci en souvenir de moi. »

 Ensuite, il remplit une coupe de vin, rendit grâce à Dieu de nouveau et fit circuler la coupe parmi eux. « Ceci est mon sang, dit-il. Il sera répandu pour le bien d'un grand nombre de gens. Buvez-le en mémoire de moi. Nous ne boirons plus ensemble jusqu'à ce que nous nous retrouvions dans le royaume de Dieu. »

Au jardin de Gethsémani

MATTHIEU, 26 ; MARC, 14 ; LUC, 22

Après le repas, Jésus se rendit au mont des Oliviers avec ses amis, et ils parvinrent dans un jardin appelé Gethsémani.

Tout en marchant, Jésus leur dit : « Cette nuit même, vous vous disperserez et vous m'abandonnerez. »

Pierre protesta : « Jamais je ne ferai ça ! »

« Avant que le coq ne chante, lui dit Jésus, tu auras juré trois fois de suite que tu ne me connais pas. »

« Même si je devais mourir pour cela, jamais je ne le dirai ! » Les autres disciples approuvèrent.

À Gethsémani, Jésus prit avec lui Pierre, Jacques et Jean, laissant les autres à l'extérieur du jardin. « Mon cœur est rempli de tristesse, dit Jésus. Je dois prier. Restez ici et tenez-vous éveillés. » Il s'éloigna et s'agenouilla.

« Père, supplia Jésus, si cela est possible, épargne-moi cette mort, mais seulement si c'est cela ta volonté. »

Il revint ensuite vers Pierre, Jacques et Jean, qu'il trouva profondément endormis. Il les réveilla et leur demanda de nouveau de veiller. Cette fois, Jésus s'enfonça plus loin dans le verger pour prier. Deux fois encore, il revint vers les trois disciples et les trouva endormis. Il les réveillait pour la troisième fois, quand il entendit des bruits de voix et vit la lumière de torches s'approcher. Les gardiens du temple et les grands prêtres se dirigeaient vers Jésus ; ils étaient venus l'arrêter et c'était Judas qui les conduisait.

« L'homme que vous recherchez est celui que j'embrasserai », avait dit Judas aux soldats. Il s'avança donc vers Jésus et l'embrassa sur la joue. Les soldats entourèrent Jésus, qui n'opposa pas de résistance. C'est alors que Pierre tira son épée et coupa l'oreille de l'esclave du grand prêtre.

« Assez ! » dit Jésus, qui tendit la main et guérit l'oreille blessée. Il se tourna vers les prêtres et les soldats.

« Pourquoi êtes-vous venus armés d'épées et de bâtons, comme si j'étais un criminel ? » Mais les prêtres et les soldats s'avancèrent vers lui, sans un mot. C'est alors que tous les amis de Jésus s'enfuirent, ainsi qu'il l'avait prédit.

Je ne le connais pas

MATTHIEU, 26 ; MARC, 14 ; LUC, 22-23 ; JEAN, 18

Les soldats conduisirent Jésus chez le grand prêtre. Pierre suivit de loin et se glissa dans la cour. Pierre se joignit à un petit groupe autour d'un feu. Une servante le remarqua et se mit à le dévisager.

« N'étais-tu pas avec Jésus ? » demanda-t-elle.

« Non, je ne le connais même pas », répondit Pierre. Puis, peu après, quelqu'un d'autre lui demanda : « N'es-tu pas l'un des disciples de Jésus ? »

De nouveau, Pierre nia.

Une heure plus tard, une troisième personne dit : « Tu viens de Galilée. Tu ne peux pas ne pas connaître Jésus ! – Non, Je ne le connais pas ! » s'écria Pierre.

À ce moment précis, le coq chanta et Pierre se souvint de ce que Jésus avait dit. Il sortit de la cour et éclata en sanglots.

Pendant ce temps, le conseil des Juifs essayait de trouver des preuves pour confondre Jésus et le condamner à mort. De nombreux faux témoins se présentèrent et racontèrent des mensonges, mais cela ne suffit pas. À la fin, le grand prêtre interrogea Jésus lui-même.

« Ne vas-tu pas répondre à ces accusations ? » demanda-t-il. Jésus ne répondit pas. « Réponds-moi sous le sceau du serment, dit le grand prêtre. Es-tu le fils de Dieu ? »

« Tu l'as dit, répondit Jésus. Désormais, vous verrez le Fils de l'Homme assis à la droite de Dieu. »

Fou de colère, le grand prêtre dit au conseil : « Le prisonnier prétend qu'il est l'égal de Dieu. Nous n'avons plus besoin de témoins après un tel blasphème ! Qu'en pensez-vous ? » Et le conseil s'écria : « Il est coupable ! Il doit mourir ! »

Dès que Judas entendit que Jésus avait été condamné à mort, il fut accablé de remords et de chagrin. Il se présenta devant les prêtres et jeta sur le sol les trente pièces d'argent. « J'ai péché, s'écria-t-il, j'ai trahi un homme innocent. » Les prêtres se moquèrent de lui. Judas sortit et alla se pendre.

Entre-temps, on avait conduit Jésus chez le gouverneur romain, Ponce Pilate. Les Juifs ne pouvaient pas mettre Jésus à mort sans son accord.

« Il se prétend roi », dirent-ils à Pilate.

« Es-tu le roi des Juifs ? » lui demanda Pilate.

« Tu l'as dit », répondit Jésus. Puis il garda ensuite le silence. Il refusa de répondre à toute autre question. Pilate ne trouvait rien à reprocher à Jésus et il l'aurait volontiers relâché.

Père, pardonne-leur

MATTHIEU, 27 ; MARC, 15 ; LUC, 23 ; JEAN, 18

C'était une coutume juive de gracier et de relâcher un prisonnier au moment de la pâque. Pilate voulait libérer Jésus, mais les responsables juifs étaient décidés à obtenir gain de cause.

« Jésus doit mourir, disaient-ils. Il prétend être le Fils de Dieu, ce qui est contraire à notre loi. »

En les entendant, Pilate prit peur. Il donna l'ordre qu'on flagelle Jésus. Les soldats lui fabriquèrent une couronne avec des ronces et ils le tournèrent en ridicule en lui disant : « Salut ! Roi des Juifs ! » Puis, Pilate le présenta à la foule. « Voulez-vous vraiment la mort de votre roi ? » leur demanda-t-il.

« Crucifie-le, crièrent-ils pour toute réponse. Crucifie-le et libère Barabbas ! » Puis, tout en leur criant : « C'est vous qui serez responsable de la mort de Jésus », Pilate libéra Barabbas, un meurtrier, et les soldats emmenèrent Jésus.

Jésus fut contraint de porter le long des rues une immense croix en bois jusqu'au Golgotha, le lieu de l'exécution. Sur son passage, les gens se moquaient de lui et crachaient sur lui. Il trébuchait et tombait, aussi les soldats demandèrent-ils à un homme parmi la foule, Simon de Cyrène, de porter la croix à sa place. Un petit groupe de femmes suivait Jésus, en larmes. Il se tourna vers elles et leur dit : « Ne pleurez pas sur moi mais sur vous et sur vos enfants. »

Ils arrivèrent enfin au Golgotha. Les soldats clouèrent les mains et les pieds de Jésus sur la croix. Ils fixèrent un avis au-dessus de sa tête : « Jésus, roi des Juifs ». Jésus souffrait. Les soldats lui proposèrent du vin contenant une drogue, mais il refusa. Alors, les soldats dressèrent la croix, ainsi que celles de deux voleurs, de chaque côté. « Père, pardonne-leur, priait Jésus. Ils ne savent pas ce qu'ils font. »

Le Fils de Dieu

MATTHIEU, 27 ; MARC, 15 ; LUC, 23 ; JEAN, 19

La foule se moquait de Jésus en lui lançant : « Si tu es le Fils de Dieu, descends de la croix, et nous croirons en toi. L'un des deux voleurs se joignit à ceux qui l'insultaient de la sorte.

Mais l'autre voleur dit : « Nous méritons notre punition. Mais cet homme, lui, n'a rien fait de mal. Souviens-toi de moi, Jésus, quand tu seras de nouveau dans ton Royaume. »

« Je te donne ma parole, répondit Jésus. « Aujourd'hui même, tu seras avec moi dans le Paradis. »

Jésus posa le regard sur Marie, sa mère, qui s'appuyait sur le bras de Jean, et lui dit : « Mère, voilà ton fils ». Jésus regarda Jean et dit : « Voilà ta mère ». À partir de ce jour, Jean prit Marie chez lui.

Au pied de la croix, les soldats jetaient les dés pour savoir qui aurait la tunique sans couture de Jésus.

Soudain, à midi, le ciel devint sombre et une ombre immense recouvrit le soleil. Durant trois heures, il fit presque nuit. Jésus poussa un grand cri : « Mon Dieu ! Mon Dieu ! Pourquoi m'as-tu abandonné ? Un peu après, il s'écria : « J'ai soif ! » et un soldat trempa une éponge dans du vinaigre et l'approcha de ses lèvres.

À trois heures de l'après-midi, Jésus poussa un cri terrifiant et dit : « Tout est fini ! Père, entre tes mains je remets mon esprit. » Et il mourut.

Un soldat romain qui se tenait près de la croix entendit Jésus et dit : « Cet homme était vraiment le Fils de Dieu ! » Un autre soldat perça le flanc de Jésus d'un coup de lance, pour s'assurer qu'il était mort. Enfin, il descendirent son corps de la croix.

Le tombeau

MATTHIEU, 27-28 ; MARC, 15-16 ; LUC, 23-24 ; JEAN, 19-20

Dans la soirée vint Joseph d'Arimathie, un disciple de Jésus. Il avait obtenu de Pilate la permission d'emporter le corps de Jésus.

Joseph et Nicodème le préparèrent selon les coutumes juives. Ils l'enveloppèrent dans un linge de belle qualité, avec des aromates, et ils l'emportèrent dans un tombeau qui avait été simplement creusé dans le rocher. Marie-Madeleine et d'autres femmes étaient là, tandis qu'on roulait une énorme pierre devant l'entrée pour fermer le tombeau.

Le lendemain était jour du sabbat et les Juifs demandèrent à Pilate que le tombeau soit gardé. Ils se souvenaient que Jésus avait dit qu'il se relèverait d'entre les morts !

Le dimanche, au lever du soleil, Marie-Madeleine retourna au tombeau avec d'autres femmes.

En arrivant sur place, elles constatèrent que la pierre fermant l'entrée avait été écartée et que les gardes avaient disparu. À l'intérieur, les femmes se trouvèrent en présence d'un ange.

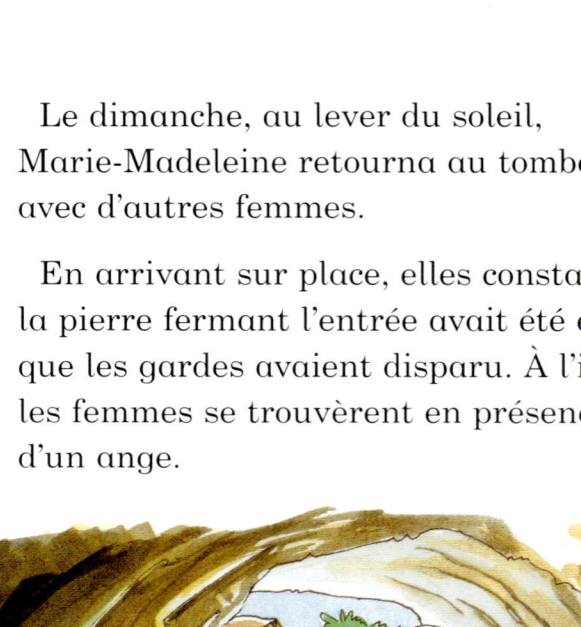

« N'ayez pas peur, leur dit l'ange. Jésus n'est pas ici. Il s'est relevé d'entre les morts. Regardez, son corps était ici. Allez annoncer la nouvelle à ses disciples. Vous le verrez bientôt en Galilée, ainsi qu'il vous l'a promis. »

Les femmes, remplies de terreur et de joie, coururent raconter tout cela aux disciples.

Dès qu'ils apprirent la nouvelle, Jean et Pierre coururent au tombeau. Ils virent les vêtements mortuaires abandonnés. Ils crurent à ce qu'on leur avait dit et ils repartirent en grande hâte, laissant Marie-Madeleine qui pleurait près de l'entrée du tombeau.

C'est alors qu'une voix lui demanda : « Pourquoi pleures-tu ? »

Marie crut qu'il s'agissait du jardinier.

« Si c'est toi qui as emporté mon Seigneur, dis-moi, je t'en prie, où tu l'as mis, que je l'emporte. »

« Marie ! » entendit-elle. C'était Jésus ! Elle fut transportée de joie.

« Va dire à mes amis que tu m'as vu », lui dit Jésus.

Relevé d'entre les morts

MATTHIEU, 28 ; MARC, 16 ; LUC, 24 ; JEAN, 20-21

Le même jour, Jésus apparut à deux de ses disciples qui rentraient de Jérusalem. Ils ne le reconnurent d'abord pas et lui demandèrent s'il voulait manger avec eux. Quand Jésus bénit le pain et le rompit, les deux hommes comprirent qui il était. Mais Jésus avait disparu. Les deux hommes retournèrent à Jérusalem en toute hâte pour dire à leurs amis ce qui s'était passé.

Pendant qu'ils racontaient leur aventure, Jésus apparut soudain à eux tous et leur dit : « La paix soit avec vous. » Les disciples eurent peur, car ils pensaient voir un fantôme.

« Regardez et touchez mes mains et mes pieds, dit Jésus, en leur montrant la marque des clous. Les fantômes ne sont pas faits de chair et de sang. Puis il s'assit parmi eux et partagea leur repas. Et ils surent que c'était vraiment Jésus, et qu'il s'était relevé d'entre les morts.

Thomas n'était pas parmi eux, cette nuit-là, et quand on lui raconta ce que les disciples avaient vu, il ne le crut pas.

« À moins que je ne touche moi-même ses blessures, dit-il, je n'y croirai pas. »

Une semaine plus tard, les disciples étaient réunis de nouveau. Jésus apparut encore et tous les doutes de Thomas s'évanouirent.

C'est en Galilée que Jésus apparut la fois suivante.

Les disciples avaient pêché toute la nuit sur le lac, mais ils n'avaient rien pris. Au matin, un homme les appela de la rive. C'était Jésus.

« Jetez vos filets à droite, cria l'homme. Vous ferez une bonne prise ! » Et c'est ce qui arriva !

Ils déjeunèrent avec lui de poisson et de pain sur la rive. Trois fois de suite, Jésus demanda à Pierre : « M'aimes-tu ? »

Et, trois fois, Pierre répondit : « Tu sais que je t'aime ». Il savait qu'il avait été pardonné. « Alors, veille sur mes disciples », lui dit Jésus.

L'Esprit Saint

ACTES DES APÔTRES, 1-2

Pendant quarante jours, Jésus apparut à plusieurs reprises à ses disciples. Ils savaient désormais que Jésus était en vie. Mais le temps était venu pour lui de les quitter. Aussi, il conduisit ses amis sur le mont des Oliviers.

« Bientôt, dit-il, Dieu vous enverra son Esprit Saint. Vous recevrez la force de dire aux peuples du monde entier ce que j'ai fait et ce que je ferai pour eux. »

Quand il eut fini de parler, il fut élevé dans le ciel et un nuage le dissimula à leur vue. Deux hommes apparurent, vêtus de blanc. « Jésus est retourné au Ciel, dirent-ils. Il reviendra, un jour, de la même façon que vous l'avez vu disparaître. »

Le jour de la Pentecôte, tous les amis de Jésus se réunirent dans une maison, à Jérusalem. Soudain, le bruit d'un vent violent vint du ciel. Des langues de feu apparurent et vinrent toucher chaque disciple. Ils furent emplis de l'Esprit Saint et se mirent à parler dans des langues qu'ils ne connaissaient pas avant. Ils pouvaient à présent donner à tous la bonne nouvelle concernant Jésus.

Jérusalem était remplie de gens venus de tous les pays pour les festivités de Pentecôte. À leur grande surprise, ils entendaient ces hommes de Galilée leur parler, dans leur propre langue, de Jésus qui s'était relevé d'entre les morts.

Pierre se leva et s'adressa à la foule. Il promit que s'ils se faisaient baptiser au nom de Jésus, Dieu pardonnerait leurs péchés. Trois mille personnes environ furent baptisées ce jour-là. L'Église des premiers chrétiens était née.

Les amis de Jésus continuèrent de répandre la Parole de Dieu. Leur vie fut souvent mise en danger, mais ils priaient Dieu et Dieu exauçait leur prière. Un grand nombre de gens vinrent les écouter et furent baptisés au nom de Jésus.

Et aujourd'hui encore, dans le monde entier, des hommes se rassemblent pour écouter la Parole de Dieu.